不羈不奔《ふきふほん》

椎名素夫回顧録

読売新聞盛岡支局編

東信堂

序文　外交裏舞台の調整役

一九八七年、ワシントンの議事堂前でアメリカの下院議員によって東芝製のラジオをハンマーで壊すシーンが、日本国内で繰り返し報道された。直接の原因は東芝機械による対共産圏輸出統制委員会（COCOM）違反事件だったが、背景には巨額の貿易赤字問題などへのアメリカ国内のいらだちがあった。

戦後、経済成長を実現した日本とアメリカは何度も貿易摩擦を繰り広げてきた。特に一九八〇年代は貿易摩擦だけでなく、防衛問題などでもアメリカの日本への要求は高まった。日本企業によるアメリカ企業や不動産の買収も目立つようになり、摩擦は激しさを増した。

政府はもちろんアメリカ政府の高官と問題解決の糸口を探った。こうした「表の交渉」とは別に、裏舞台でも関係改善への努力を行っていたのが椎名素夫氏だ。特に防衛を巡る日米間の交渉や、FSX（次期支援戦闘機）の日米共同開発などを巡っては、リチャード・アーミテージ氏ら米政府高官や、ビル・ブラッドレー氏ら有力国会議員と連絡を取りあいながら、懸案の解決に大きく貢献した。椎名氏が太い信頼関係を築いたのは、アメリカだけではない。イギリス、フランスなどヨーロッパや台湾、フィリピンをはじめとしたアジアにも人脈を広げた。各国の要人との人脈は、裏舞台の調整だけでなく、日本の立場を伝えることにも利用された。

アーミテージ氏は、椎名氏をもっとも尊敬する日本人であると話す。この言葉が単なる外交辞令でないことは、国務副長官時代にアーミテージ氏が日本人としては初めての米国務長官特別功労賞をわざわざ自ら手渡すために来日したことでも明らかだろう。

椎名素夫氏は、自民党の派閥が激しい政争を繰り広げていた一九七九年に、自民党副総裁を務めた父・悦三郎氏の後継者として政界入りした。父のそばで政界を眺めていた時期も含めれば、「三角大福中」「安・竹・宮」と呼ばれた領袖たちによる派閥政治が繰り広げられるのを目の当たりにしながらも、生涯にわたって派閥に背を向けて政治活動を続けた。

父・悦三郎氏も岸派から川島派に移り、政界引退まで小派閥で過ごしたが、独自の存在感を示し続けた。田中角栄首相が退陣後に、自民党総裁に三木武夫氏を指名した「椎名裁定」に代表されるように、全体の流れを見極めながら、政界の有力者間の意見調整や、助言をする姿は「政界の賢人」とも呼ばれた。

分野は異なるが、政界の裏方として調整役を務めた過ごした親子が日本の政治に与えた影響は決して小さくない。

椎名素夫回顧録／目次

椎名素夫回顧録：不《ふ》羈《き》不《ふ》奔《ほん》

中曽根政権は一九八二年一一月に発足したばかりだった。首相訪米は防衛力増強や牛肉・オレンジの自由化などを求める米国とのギクシャクした関係を修復するのが目的だった。その地ならし役として、米国に人脈を持つ椎名氏が指名された。

会社の社長をしていた七八年、国際経済政策調査会というのを作った。事務所をワシントンにも置いてね。米国に行った時は講演をしたし、米国の知人を日本に招いて談話会もした。誘い文句は「日本で会いたい人がいれば会わせる」。おやじ(悦三郎氏)を会長にしたから、というのもあったと思うが、政治家や各省の幹部に頼むと時間を割いてくれた。

椎名氏はこの調査会を通じて米政府や議会筋に知人を増した。レーガン大統領側近のガストン・シグール大統領特別補佐官もその一人だった。椎名氏は中曽根首相と打ち合わせをしてからワシントンに飛び、シグール氏と非公式に接触した。


椎名「日本への不満が強いんだってね」

シグール「商務省、国防総省、国務省。どこも中曽根首相にぶちまけなければという感じだ」

「そういう態度に出れば、アメリカのためにならないじゃないか」

「それはそうだ」

「大統領が任命しているんだから、文句を言う閣僚は首にしちゃえよ」

「おいおい、そんなこと、できないのは分かっているだろう」


シグール氏は、一瞬「えっ」という顔をした後、すぐに大笑いした。そこで、椎名氏は本当の狙いを切り出した。

「それなら首脳二人だけの会談時間を取ってくれよ。大統領には閣僚たちに『不満があるのは分かっている。全部引き取って私が会談で話す』と説得してもらったらどうだ」と持ちかけたんだ。シグールは「中曽根は何を言うだろうか」と言うから、「分からない。でも最後に会った時は独り言を言っていたよ」と話して、三行分くらいの短い話をしたんだ。中身は言えないけど、まあ、(日米同盟に軍事的な意味合いはないと発言した前首相の)鈴木善幸路線を継続してやるという気はない、ということが伝わればよかった。

インタビューに答える椎名素夫氏

中曽根首相の独り言は、訪米前に中曽根の個人事務所で聞き出していたものだった。

中曽根さんに「総理の考えていることについて何の知識もないと、おかしなことになる。しかし、あなたが大統領に言おうとしていることを私に言うのもおかしいですよね。できれば独り言を言ってもらえないだろうか」と言ったんだよ。そしたら「そうか」なんて言って、ごしょごしょと話をしていた。

その独り言を聞くとシグールは「それはいい。俺は大賛成だけど、ボスに聞かないといけない。連絡するから待っていてくれ」。ホテルで待っていたら、すぐに「(大統領の了承を)取ったよ」と電話が来たよ。

帰国後、中曽根さんにシグールとの会談内容を伝えて、大統領が閣僚に言われたことを言うかもしれないと話したら、「それは仕方ないね」と話していた。それで、「あなたのスタイルでそのままやったら、うまくいくんじゃないですか。長旅ですから、行きの飛行機はゆっくり休んでいってください」とだけ付け加えておきました。中曽根さんは「どうもありがとう」と言っていたね。

椎名氏は「自分の意見をはっきり伝える中曽根氏に大統領は好意を持つはず」と見ていた。日米関係を好転させるため、まず首脳間の信頼関係を築く。それが単独会談を求めた理由だった。

——中曽根氏に、なぜ衆院当選二回の若手を大役に起用したのかを聞くと、氏は理由を次のように語った。「椎名さんは、中曽根というのはこういう人物だと紹介することと、会談の日程準備をした。アメリカに知己もいるし、アメリカ事情をよく知っていた。それに非常に冷静で落ち着いて、的確に物事を処理するという信頼感があった。椎名さんのほか、加瀬俊一さん(元国連大使)にも行ってもらった」。

一月一八日、通訳だけが同席する中曽根・レーガン会談が実現した。大統領は防衛力整備や市場開放に注文をつけたものの、家族と一緒の朝食に誘うなど、異例の歓迎ぶりを示し、互いを「ロン」「ヤス」と呼び合う、日米外交史上もっとも良好と言われた関係が始まった。

中曽根さんが帰国した日、水沢のホテルに泊まっていたら、夜中にホテルのフロントが「中曽根という方から電話が入ってますが、どうしましょう」と言うんだ。電話に出てみると首相本人だった。「あなたが言った通りにやりました。ありがとう」と感謝されたので、「それは結構でした」と答えた。で、こっちも肩の荷を降ろした。

2　防衛予算──米高官とのホットライン

ロン・ヤス会談があった一九八三年の暮れ、自民党の政調副会長に指名された。そもそもは藤尾正行政調会長の勘違いで始まったことなんだ。藤尾さんの秘書が電話してきて、「副会長を頼めないか、と本人が言っています。本人と代わります」と言う。それで「ちょっとありがたいんですが、私はまだ当選三回ですよ。先生に恥はかかせられませんよ」と話したんだ。だいたい当時は当選五、六、七回くらいの人が就くポストだからね。藤尾さんは秘書から当選回数が四回と聞いていたみたいなんだ。それで一瞬「えっ、三回か」と絶句したんだけど、すぐに「おれの頼みを断るのか」と言うんだ。それで「どうしてもというならお受けしますが」という話で政調副会長になっちゃった。

各派から選ばれた六人の副会長はみんな入閣直前の人ばかりで、翌日最初の打ち合わせがあったんだけど、部屋に入った時には、「なんでおまえがいるんだ」という感じで見られましたね。それでも、藤尾さんから「防衛は任せる」と言われた。国防部会の副部会長をやっていて、次に防衛担当の政調副会長でしょ。レーガン政権の人たちと頻繁に接触するようになったのはこの時期だね。

このころ、椎名氏が年末に決まって行う〝儀式〟があった。

政治折衝で防衛予算が固まると、すぐに他にはないしょで電話をかける先があったんだ。まず日本の駐米大使、次に米政府の関係者。防衛庁の局長の部屋とか、個室を「ちょっと借りるよ」と断って、使わせてもらったな。

ソ連との対決姿勢を強めていたレーガン政権は日本に防衛予算の増加を求めていた。

防衛予算を外務省と防衛庁がアメリカに対して説明していたんだが、「言い訳ばかりで、毎年言うことが変わる」とレーガン政権の連中が不満を言うんだ。「一昨年はこういう紙を書いて説明してきたのに、昨年の紙とはこんなに説明が食い違っているところがある」と。それで「そういう言い訳みたいな説明は忘れた方がいいよ」と言ったこともあった。

向こうの連中は「(予算額として)これだけないと困る」というような明示した話はしなかった。そういう意味ではアメリカの連中は礼儀正しくて、押しつけないんだね。ただ、増額を期待しているだけだ。鈴木首相時代はちょっと信用できないという空気があったね。

椎名氏は「不満を解消するには、本音ベースの、正確で早い情報を米政権の中枢と交換することが必要だ」と考えた。接触相手の一人が、二〇〇五年一月まで国務副長官を務めたアーミテージ氏だった。当時、日本課長だったジム・アワー氏も手伝ってくれたという。

アーミテージ氏と言葉を交わす椎名氏（2003年6月撮影）

アーミテージは当時国防次官補でね、彼には「（防衛費の増額を）小出しにして、米国の反応をうかがうようなまねは私はしない。これ以上予算案は変わらないと判断したら、ただちに話すから信用してくれ。我々は交渉関係ではなく、共同努力関係だ」と言った。彼も「分かった」と。

そういう付き合いをした人が何人かいた。キーマン一人に知らせると、ホワイトハウスも国務省も重要な人には二時間くらいで伝わるような仕組みになっているんだな、アメリカという国は。こっちは電話が終わると、その年が終わるという感じだった。

最初に駐米大使に電話するのは、アメリカの政府関係者なんかからどうしてこうなった、と聞かれたときに下手に答えられないでいるんだ。だって、本省からはそんなことを知らせるゆとりはないから、翌日の新聞報道か何かで確認しているような状況だった。それで、とにかく「防衛予算はこんな具合です。主な柱はこうですよ」と連絡をすることにした。「そちらが夜遅いか、朝早いか知らないが、ワシントンで最初に知らなければいけないのはあなただから」と言ったら、「どんな時間でもこういうことを教えていただけるのはありがたい」と言われたよ。日本の防衛予算が決定すると、国防長官が翌日か、翌々日くらいにコメントを出すんだが、その内容が事前に分かるようになった。「ワインバーガー（国防長官）があすこう言います。喜んでますから、大丈夫ですよ」ということを鈴木内閣時代は宮沢（喜一）官房長官、中曽根内閣になってからは中曽根さんに連絡した。

当時、防衛費は国民総生産（GNP）の一％以内にとどめるよう閣議決定されていた。超えれば国会が紛糾することは確実で、中曽根首相も政権当初は守った。

防衛予算は翌年の人事院勧告で人件費がどのくらい伸びるかも計算しなければいけない。砂防会館にある中曽根さんの個人事務所で、二人だけで計算したこともあったな。彼は電卓を持ち出すんだよ。「人件費が何％伸びるというとこれくらいになるな」とか言いながらね。

首相には番記者がついていて、外に出ると「何を話していた」と聞かれるでしょ。それで打ち合わせもするんだ。「外に出たらなんて言いましょうか」なんて相談する。中曽根さんが「派閥に来いって話にしますか」となんてね。

「それじゃあ、私は断ります。でも、時間がかかりすぎておかしいかな」なんて言っていたら、中曽根さんは「本気なんだけど、ぼくのところに来ませんか。ざっくばらんにオープンにやっている派閥だから、縛るということはないし」と話すんだ。だけど、「私の無派閥は確信犯ですから。一つだけ分かってほしいのは、お手伝いをしているのは(中曽根氏個人ではなく)首相を手伝っているんです。そういうことから言っても、おたくのファミリーになることはちょっとできない」と答えたら、「ああ、そう。わかった」と。それ以来誘われなくなった。

防衛費一％枠は中曽根首相の強い意向で、八七年度予算案で突破した(決算ベースでは枠内に収まった)。

3　広がる海外との交友

サムタクの社長をしていたころ、アジアとうまく付き合うのにはどうしたらいいのか、ということを考えていて、アジア・クラブという財団法人の理事を引き受けた。そこで知り合った知人に、変わったアメリカ人がいて、何度か会合で隣に座った。

サムタクは椎名氏が電源開発を退社して、しばらく後に設立した計測機器会社。

そのアメリカ人は非常に野心的な人で、「日本は鎖国状態に近い。情報が入らないから『ニクソンショック』みたいな何とかショックというのが日本ではしょっちゅう起きる」と言うんだ。

きちんと情報が積み重ねられていれば、そういうことは予測が可能になる、と言う説明だった。だから、「(そういうことをやろうという)気構えがないな」と話したんだけど、向こうは「私が手伝うから」と話す。それで、アメリカに事務所を構えることにしたんだ。

椎名氏は一九七八年、ワシントンに国際経済政策調査会の事務所を設け、アメリカの拠点として活動を開始した。

アメリカに行くと、日本を勉強したいと思っている議員のスタッフなんかを相手に夕食会で講演をするんだよ。一回あたり二〇人くらいずつやっても、すぐに一〇〇人くらいの知り合いができる。

アメリカはブルッキングスとかシンクタンクの人間が政府の高官になっている。日本でも役所にただ頼むだけでなくシンクタンクを作ったらどうか、という話もあったんだけど、財団法人を見ていると、必ずマンネリになって無駄遣いをするようになる。外国では、各国の政府の非公式なやりとりを積み上げている。そういう仲間に入ってしまえばいい。知っているやつから話を聞いた方が早いと考えたんだ。ワシントンの国会図書館の連中が連邦議会の調査局の仕事をしたりしていた。中国の専門家のロバート・サッターなんてのもいた。そういう連中を日本に呼んで、談話会を開いたりした。

向こうの連中を呼ぶときは「日本で会いたい人に会わせる」という特典だったけど、これは最初の一回はおやじに頼むこともあった。おやじに頼むと「じゃあ、電話しておくよ」と言ってくれた。しかし、二回目以降は自分でお願いしないといけない。会えるかどうかは一回目が勝負なんだ。この人とはぜひ話をしたい、と思ってもらうかどうか。役所の局長クラスなんかには「彼は向こうでは情報の発信源になるから、こっちで洗脳する必要があるんだ」なんて頼んだりね。

ある時はビル・ブラッドレーが将来の首相候補と言われた党の実力者に会わせてくれ、というから、会談をセットした。会談を終えて帰ってきたら、ブラッドレーが「あれはずいぶん礼儀を知らない男だ」と言うんだ。「どうした」と聞いたら、「会談の間、ずっと鼻くそをほじってばかりいた」と言われたことがあった。参ったね。

アメリカを中心に、欧米各国とは付き合いを深めた椎名氏だが、中国には一度も行かなかった。

中国に関係のある人から何度か、「北京に行かないか」と誘われたよ。でも、行きたくないから断った。私はどこに行くにも人と会って話をするのを楽しみにしている。しかし、国際会議なんかで会っても、あの国の人は一〇人が一〇人みな同じ話をするからね。それでいて、三、四年たつとまったく違う話をしている。それでは行っても仕方ない。

4　フィリピン政変――音楽縁にリポート作成

まだ、政界入りする前だけど、バイオリニストの小林武史さんが友人の紹介で私を訪ねてきた。外務省の外郭団体に頼まれて、文化使節として東南アジアを回ったが、行ってみたら現地の人ではなくて、現地駐在の外交官の家族相手に演奏させられたらしい。

そのうえ、翌日になったら、地元の交響楽団が「なぜ我々のところに来てくれないんだ」と文句を言われたなんて話もする。「あれでは日本はアジアから尊敬されない。田中(角栄・首相)さんみたいな目に遭うのも仕方がないですよ」とこぼしていた。

小林氏は日本だけでなく、ヨーロッパの交響楽団でもコンサートマスターを務めた著名なバイオリニスト。一九七四年、東南アジア諸国を外遊した田中首相は「日本帝国主義」を批判する激しいデモに直面し、インドネシアではヘリコプターでの移動を余儀なくされた。

それじゃあ何か民間でやれないかと小林さんと相談し、東南アジアで音楽会をやろうと決めたんだ。音楽会はチャリティーで、売った切符代もすべて現地に寄付することにした。

「パーティシペーション」という団体を作って、個人を対象に年一万円の募金を呼びかけたら、八〇〇人くらいの人が賛同してくれてね。ほかにもいろんな人に助けてもらったなあ。プログラムが必要だからと東京の印刷会社に頼みに行ったら無償で引き受けてくれたし、航空会社もそのプログラムをただで運んでくれた。それに一流の音楽家に出演をお願いに行ったんだけれど、だれもが「そういう話なら出演料は結構です」と承諾してくれたよ。

実はね、海外ではフランスやドイツなんかも同じようなことをやっている。ソ連もだ。彼らはみんな移動もホテルもみんなファーストクラスだ。それでパーティシペーションでも移動はファーストクラスにしたんだ。外国で出迎えに来た人は、エコノミークラスから出演者が出てくれば、ああ、そんなものか、と思っちゃうからね。ホテルはヒルトンホテルの知人に頼んで、演奏先のホテルを格安で泊めてくれと話したら、乗ってきてくれた。ホテルに入るときには、花束を用意して、記念撮影をしてくれたりしてね。ホテル側も一流の演奏家をプロモーションに使おうとしていたんだけど、そんな風に丁寧に扱われたから、出演者の方にも喜んでもらえ

音楽会には各国の要人が出席した
（前列左がイメルダ・フィリピン大統領夫人、後列左端が椎名氏）

た。

韓国やフィリピン、タイなど、行った先はどこも非常に喜んでくれましたよ。ある国で「(訪問目的が)ビジネスでも観光でもない初めての日本人だ」と言われたのが、記憶に残っているね。フィリピン大の学生が世界中を回ってコンサートを開こうとしているという話を聞いて、ヒルトンホテルの人に掛け合い、コンサートをやらせてもらったこともあった。

そこで知り合ったフィリピンの若者に、のちに私は大いに助けられるんだよ。

八六年、フィリピンでは大統領選挙の結果を巡り、マルコス大統領への不満が噴出。政権が崩壊し、アキノ氏が大統領に就任した。現地情勢を調査するため、椎名氏は中曽根康弘首相から自民党総裁の特使としてフィリピンに派遣された。

アメリカのワシントンで会議に出ていたら、中曽根さんから電話がかかってきて「フィリピンの大統領がアキノになるという話だ。行って調べてきてくれ」と言うんだ。その日のうちに東京に戻り、一泊してフィリピンに向かったよ。

そしたら、おそらく私が特使として行く話が向こうの新聞に出たのでしょう、コンサートをした若者たちが連絡してきたんだ。中には軍にいた者もいて、私に内情を話してくれた。マルコスを追い出して、みんな興奮していたな。おかげで非常にいいリポートが書けたよ。

——中曽根元首相は読売新聞の取材に対して、当時椎名氏を派遣した背景について「マルコス大統領が辞任したとき、私とレーガン大統領の間でどうするか検討しておった。こういう時の状況判断と報告は彼こそ適任だと(思った)」と振り返った。

アキノは大統領になったけど、爆弾が仕掛けられている可能性がある、とかでマラカニアン宮殿に入らず、下町の選挙事務所で会ったんだ。その後もアキノさんに会う機会があったけど、特権階級の一人だなという感じがあったね。

5　外交官——カギ握る現地での信頼

国会議員になってから、海外に出張すると、現地の日本の大使が晩飯を差し上げたい、と連絡してくる場合が多かったね。それで足を運ぶと、大使は日本の話ばかりなんだ。有力な政治家の名前を出して、「いついつの時以来のお付き合いなんですよ」なんて話をする。そして日本のことを聞きたがるんだね。もっとのんびり、その国の勉強をしたらいいのにと思ったよ。赴任した国より、後にした日本に関心を持っている外交官が多いんだな。中にはイラクで亡くなった奥克彦大使のような立派な人もいるけどね。

現地の人との付き合い方がどうかな、と思うこともあった。パーティシペーションでフィリピンに行った時のことだけど、ハイヤーを使うことになった。それで大使館の人と話したら、「八時に出るなら七時半に呼んでください。いや、七時の方がいいかもしれない」と言うんだ。彼らが時間にルーズだから、そのくらいした方が間違いないということなんだな。しかし、運転手に「あすはこういう日程で、これは絶対に遅れられないからよろしく頼む」と言うと、きちんと時間通りに来る。

聞いてみると、大使館の職員は日程を教えないで、現地に着くと「待ってろ」と言うんだって。そうなると、トイレにも行けない。しかし、我慢できなくなってトイレに行って帰ってくると、職員が車に戻ってきた後だったりして怒られるというんだね。

ハイヤーが時間通りに来たという話は大使館員にもしたんだけど、信じてくれなかったな。要は相手との信頼関係を作れるかどうかなんだけどね。

イラクのクウェート侵攻があった時、外相が何度も現地に行っていた。その時、外務省のやつが自慢するんだよね。「イラクからこんなに大事にされて、頑張っています」なんてね。日本というのはそういう癖があるよね。「日本は大事にされているなんて喜んでいたら外交じゃねえぞ」と言ったけどね。

6　日米国会議員委員会——有力議員らと本音の会談に

当選二回のころ、ビル・ブラッドレーとアメリカのコロラドだったか、山中での小さな会議で初めて会ったんだ。非常に賢くて視野も広く、あらゆる意味で上等な人だった。お互い仲良くなって、ワシントンに行くと必ず訪ねたものだ。当時彼は中堅の議員だったけど、党派根性がなくてね、所属する党がどちらであろうと、大変尊敬されていた議員だった。そういう人が「日本人というのはいいね」という感じを持つかどうかで、政治の世界というのはずいぶん変わってくる。ブラッドレーみたいな人がいい解釈をしてくれると、「あの人が言うんだから」とまわりも影響される。明らかに金で動いているという人と仲良くなっても一回しか持たない。

ブラッドレー氏は大学卒業後、プロバスケットボール選手を経て民主党の上院議員に当選した。早くから有力政治家として注目され、二〇〇〇年大統領選では民主党の予備選挙に出馬したが、ゴア副大統領に敗れた。

当時は貿易摩擦なんかでやかましかったから、ある時「もう少し本当はお互いがどう思っているのか、形式張らない会合をやったら、役に立つんじゃないか」と言ったら、彼も「面白そうだ。やってみようじゃないか」と了解してくれた。それで、日米国会議員委員会というのを作ることにした。

会合に出るメンバーの人選を各派閥の領袖にお願いしたら、羽田孜さんとか海部俊樹さん(いずれものちに首相)、宮下創平さん(のちに防衛長官)ら、各派からよりすぐりが来てくれてね。こうして年に一回、三日くらい泊まり込んで少数で議論する形式で始まったんだ。

のちに落選したときに、困ったなと思ったのが、委員会の参加資格を国会議員に限っちゃっ

海部氏（前列中央）らが参加した日米国会議員委員会

たことなんだ。電話で「落ちちゃったから、続けられなくなっちゃった」と言ったら、向こうの連中が「そんなことを言うな。特例をもって継続だ」と言ってくれてね。ルーガー上院議員がメンバーだったが、彼は「おれも一度落選した」と言う。「どうだった」と聞いたら、彼は「いやあ、よかった。本当の友達と利益で寄ってくるやつの区別がついた。数は減るけど、だれが友人だか分かる。いいものだよ」とね。そんなことを言ってくれればうれしいよな。

その種の会合って長続きしないことが多いんだ。結局成功したのはブラッドレーと話し合って、いくつかのルールを作ったことだと思う。メンバーは両方で一ダース（一二人）以下に限定し、議員に限る。こういう会議をやると日本では役人が出てくることも多かったが、「ああいうのはやめよう」ということにした。席順も日米が向かい合うのではなくて交互に座る形式にした。あとは識者の話を聞いて、それを軸に討議するというのもだいたいろくなことがないからやめた。話のきっかけとしてはいいので、きっかけとしては呼ぶが、あとはセッションのチェアマンが指名しない限り発言させないことにしてね。費用は日本に来たら日本側が、アメリカに行ったらアメリカ側が全部負担した。日本側の分は、経済界の人などに「こういう集まりには意味があるよ」と言って浄財を集めた。政治の向きの偉い人から「これ使ってくれ」なんて言ってくれたこともあったね。

委員会ではいろいろな話題が出た。南アフリカのアパルトヘイトなんかもその一つ。マンデラさん（のちに大統領）が獄中にいたころ、日本の対応が批判されたことがあったけど、大きな問題になる前に「南アフリカへの日本の対応は評判が悪いよ。火種になってアメリカの議会で騒ぎになると日米関係にも悪いことになる」なんて言ってくる。

良かったのは各派のよりすぐりを出してもらったおかげで、委員会が終わると、必ず派閥の親分のところに行って話をしてくれるんだ。だから、そのときも「南アフリカの話は気をつけた方がいいですよ」と話が伝わった。

7　FSX――交渉に必要なセンス

一九八〇年代に入り、FSX（次期支援戦闘機）の問題で日米が非常にもめたでしょ。アメリカが日本の台頭を怖がり始めた時期で、一番得意な航空機まで日本にやられちゃうんじゃないか、と考えたんだね。

支援戦闘機は日本上陸を試みる敵地上部隊などをたたく航空自衛隊の戦闘機。Ｆ１戦闘機の後継としてＦＳＸ開発が計画された。国内には国産開発を求める声が強かったが、米国にも配慮し、米国のＦ16を母体に共同開発する線に落ち着いた。しかし、日本への技術流出を懸念する米上院議会が計画修正を求める決議案を採択する。一度は当時のブッシュ大統領（現大統領の父）が拒否権を発動したが、再び上院の三分の二が修正に賛成すれば、交渉は振り出しに戻るところだった。

上院で二度目の採決をするときに、ビル・ブラッドレーが汗をかいたんだ。彼が上院議員の間を歩き回り、「これは共同開発にすべきだ」と働きかけてくれた。

ＦＳＸ問題は日米国会議員委員会でじっくり話し合ったよ。最終決着の一年くらい前だったと思う。ただ、こっちから「あなたに頼みたいんだけど」なんて言うことは言ったことはない。どの問題でもそうだった。

アメリカ側は単純で「アメリカから買った方が安いんだから、買えばいいじゃないか」だよ。そこで私は「戦さに使う道具なんで、出撃して仮に被弾しても、また修理してすぐに飛ばなければいけない。商業機みたいに（ボーイング社がある）シアトルまで送って、じっくり直してまた再納入してもらう、というような道具ではないでしょう」と反論したよ。

私は共同開発でやれば、高くつくだろうな、と思った。でも、このまま放っておいたら航空産業がまただめになっちゃうと思ったから共同開発を主張した。ただ、ココム違反で東芝のテープレコーダーなんかをハンマーで壊すようなパフォーマンスをアメリカがやったことがあるでしょ。ワシントンはあんなことになりかねないような雰囲気だった。

悪いことにちょうどそのとき、アメリカの国防長官が上院で拒否されちゃって、向こうも中軸がいなくなった時期だった。アーミテージに連絡して「そっちのだれと話したらいいのかこっちも分からなくて困ってるから、そっちで整理してよ」と言ったら、「分かりました」と言って、決めてくれた。

まあ、ブラッドレーはアメリカのためにというか、日米関係のためには共同開発で進めた方がいい、と思ってくれたんだろう。

ブラッドレー氏(左)らとは少人数で本音を語り合った

上院二度目の採決は三分の二にわずか一票及ばず、ＦＳＸは日米政府間の合意通り、共同開発と決まった。

採決の後、外務省の役人が私のところに来て「ブラッドレー議員のおかげで通りました。椎名先生のインプットがあったからでしょうが、お会いになる機会があったら、お礼を言っておいてください」と言うんだ。

私は怒ったよ。別に頭を下げろと言われたことにじゃない。そのセンスの悪さだ。「彼は共同開発はアメリカのためと思ってやったのであって、『ありがとう』なんて言えば、『あ、おれは使われちゃったのか』と思うじゃないか。おれは放っておくよ」とね。

利用されたのかなと相手に思われたら、次に頼むときには警戒してしまって、そのルートが使えなくなる。そういうことを彼らは結構やるんだな。お礼を言わなければいけないときと、言わない方がいい場合とある。個人でも政治の場でもそうだ。

8　日英二〇〇〇年委員会――首相の言葉に沈黙

サッチャーがイギリスの首相の時、夕食会で一時間くらい話しこんだことがあってね。一九八九年ごろだったかな。私は「日英二〇〇〇年委員会」の日本側の座長で、食事会で彼女の隣に座った。

日英二〇〇〇年委員会は長期的な視野から日本とイギリスの関係を考える有識者の会議

で、八五年に発足した。

たまたまソ連のゴルバチョフが話題に上ってね。彼女は「ゴルバチョフは新しいタイプの指導者だ。今までのアンドロポフやブレジネフ（いずれもソ連共産党元書記長）なんかと違う。彼はビジネスを一緒にやれる男だ」とべた褒めだった。

ちょっと気になったので、「彼はソ連の再強化が目的でやっている。我々西側が無警戒なのは考えものだと思いますけど」とちょっとクギをさしたら、「いや、彼はおろそかになっていた民政を本気にやっている。今度は本気だ」と反論してきたよ。

そこでまた「それは本気でしょう。でも、ましなものをちゃんと食っている軍隊は強くなる、という話がありますよ」と返したよ。そのとき、サッチャーは一瞬、「えっ」て顔をしたね。そんなことは考えてもみなかった、という感じでね。

あのころは西側諸国はみんなゴルバチョフに夢中になっていた。交渉相手に少しでも疑問を持っているのと、ないのでは対応が違ってくる、と思ってひと言ったんだ。

ゴルバチョフ氏はソ連の最高指導者である共産党書記長、初代大統領を務めた。倒れかかった社会主義体制を立て直すために「ペレストロイカ」を実行した。しかし、九一年ソ連は消滅し、ゴルバチョフ氏も大統領を辞任した。

神戸市で行われた進水式に出席したサッチャー英元首相（1994年）

サッチャーというのは怖い人で、首相当時は君臨していた。委員会の食事会の前に、英国の議員で外務省の次官だったかを務めていたのがいて、カクテルを飲みながら話していたら、彼はアジア担当なのに一度もアジアに来たことがない、という話をしていた。それで食事会の時に「彼はまだアジアにきたことない、と言うんだけど、一度来させてもらわないといけない」とサッチャーに話したら、キッとその議員の方を見て「私たちは無駄に使うお金はない」と言い放ったね。余計なことを告げ口した、と言わんばかりにね。悪いことをしちゃったかもしれない、と思ったよ。

首相官邸に二〇〇〇年委員会のメンバーをよく連れていったよ。竹下（登）さんが首相の時は、リクルート事件で日英どころじゃない、というムード。イギリスの議員から「首相は苦境にあるらしいけど、何を聞いたらいいだろ」と相談されたりしたね。

宮沢（喜一）さんの時は、日本がコメの輸入を認めるかが、世界的に注目されていた。ある議員が宮沢さんに「コメの話はどうなるんですか」と聞いたんだ。そうしたら宮沢さんは二〇分くらいかけてコメの開放がいかに難しいかとか、官僚、農民、農協がどう考えているかという話を実にすばらしい英語で説明したんだ。

それで「さらに質問はないか」と促したんだけど、イギリスのよくしゃべる連中が黙って何も聞かない。不思議だったのであとで「なんで首相にコメ以外に何も聞かなかったのか」と尋ねたよ。すると「ミヤザワは首相なんだろう。説明はしてくれたけど、どうするという話がなかった」。そう言われると、何とも言いようがなくて困っちゃった。

村山(富市)さんの時は紙を持って出てきた。村山さんは「日本とイギリスの関係は非常に大事だ。これからも一生懸命友好関係を強化しよう」と文面を読み上げたんだ。この時も「何か質問は」と聞いたんだけど、シーンとなっちゃった。終わってから「あれはイギリスをフランスに変えても通用するな」と皮肉が飛んできたよ。

外務省が書いたような、言葉としては完璧かも知れないけど、感銘を与えないような文章を、首相が読んでも仕方ないんだよ。そこあたりを考えないといけないね。

欧米の政治家はよく回顧録を書くでしょ。クリントン(アメリカ前大統領)も最近書いたけど、日本の指導者って登場回数がめちゃくちゃ少ないんだ。出てきたとしても話のつけたしだ。それだけ、印象を与えてないんだね。

戦後政治というのは基本的に陳情政治だった、と思う。陳情が来ればさばく、という政治だ。アメリカもその一つという感じで、言ってこなければ何もしない。うるさい陳情ならしかたない、という感じでね。陳情処理となると、どうしても言い訳的になるよね。日本の戦後政治で外交を考えたのは吉田茂さん、安保条約の改定を岸信介さんがやった後、中曽根康弘さんまでいなかった。佐藤栄作さん、池田勇人といった人たちは戦前の中堅官僚で、日本の復興は懸命にやったけど、暮らしをよくすることに熱中して外交は欠落しちゃった。佐藤さんのやった沖縄返還だって復興の一つだ。中曽根さんはソ連がSS20の配備計画が明らかになったときに、レーガンと一緒になって反対した。あれは日本の政治が変わった大きな出来事だったと思う。

9　李登輝、ニクソン、リー・クアンユー

台湾の李登輝さんとは副総統時代に、東京に来たときに十数人の会合で会ったのが最初だった。おやじは日中の国交回復の時に、台湾に特使として行かされて、玉子を投げられたりした。当時私は民間人だったけど、一つの流れができると、日本中がそれに流れるというのは愉快じゃなかったね。台湾系の新聞社がシンポジウムをやった時に基調講演をしたのが縁で、李登輝さんに会いに行くことになった。

李登輝氏は一九八八年、蔣経国総統死去に伴い総統に昇任し、九六年には初の総統直接選挙で、当選した。

最初に行ったのは総統選のちょっと前だった。意見を聞かれたので、いろいろ言ったが、アジア太平洋経済協力会議（ＡＰＥＣ）首脳会議に誰を出すかということの相談に乗ったりもした。彼は司馬遼太郎が好きでね、台湾で意気投合しちゃった。李登輝さんはコーネル大学に行っているから英語が話せるし、日本語も完璧。もちろん中国語も分かるから、情報が幅広い。台湾もそういう人がいなくなってきて、だんだん情報が偏ってきている感じはあるね。

話が面白かったのはニクソンさんだね。レーガンが大統領に当選して一月に就任式があった。その前の週に会いませんか、と知人が誘ってくれたんで、ニューヨークにある小さなタウンハウスで会った。

ニクソン氏は米ソ冷戦にデタント（緊張緩和）をもたらしたほか、キッシンジャー氏に

訪台時に　李登輝氏と

よる隠密外交を指揮し、七二年に大統領訪中を実現した。しかし、ウォーターゲート事件で大統領を辞任した。大統領辞任後は、クリントン大統領を含め現職大統領への助言を続け、米政界では「長老」として一目置かれる存在だった。

まず驚いたのはもう民間人だけど、意識はまだ大統領なんだね。世界中のことに気を配っていて、最新の情報を入れていた。こちらが「中国をどう思うか」と聞いたら、「(カギを握るのは)結局中国だ。あの国は少し下支えして強くなってもらわないと困る。我々は主義は違っても、あそこを強化する政策で行くんだ」と話した。だから「お考えは分かったけど、私はちょっと意見が違う。あんな国助けても仕方がない。たとえて言えば、あの国は自然のまま座っている巨岩だ。ソ連は北側から眺めて怖がっている。その重さを考えると、岩にぶつかっていったら大変だと思うだけで十分だ。アメリカはその岩に強化コンクリートを注入しようとしているように見えるが、そんなものはマイナスではないが、プラスにもなっていない。無駄だ」と反論した。彼はまた反論していたけどね。

その時、ニクソンさんに「世界の指導者の中でだれが好きですか」と聞いたら、即座に「リー・クアンユーだ。彼はすごい」と話していた。たぶん、世界中の話ができる人物だということなんでしょう。

リー・クアンユーはシンガポールの首相を二〇年以上にわたって務め、現在も強い影響力を持っている。

その前年か、二年前にリー・クアンユーのシンガポールの官邸に行って昼飯をごちそうになった。日本にいる大使が推薦してくれたんだね。昼食会がセットされて現地に着いたら、事前にこう言われたんだ。「あの人はつまらなくなると、秘書官が入ってきて、紙を差し入れて出て行く。そうしたら重要な会議をやらなければいけなくなったと言って、おしまいになる」とね。

首相官邸はイギリスの総督府だったところで、中に九ホールのゴルフ場もあった。なかなかいい景色でね。それで、部屋に通されていすに座った時に、ちょっとほめてもいいだろう、と思って、「なかなかいいお屋敷ですね」と言った。リー・クアンユーはありがとうとも言わないで「悪くない。だけどイギリスの総督の作ったものだからな」だって。「でも、多少は変えられたんでしょう」と水を向けたんだけど、「ノー。自然が代わりをしてくれた」と言うからそこでその話をやめた。あと、三分もしていたら、紙が入ったんじゃないか。ものすごい現実主義者で実利的な人でね。

福田内閣のころだったけど、日本が石油の精製プラントを各地に作る、という話が出ていた。彼は「あの計画は大した物だ」と言うんだ。日本が壮大なエネルギー計画を練って、拠点を散らして作っている、と思いこんでいたよ。日本の企業が一体となって動いてはいるわけではないのにね。頭の良すぎる人というのはよけないことを考えるな、と思った。

それから「南米はいくら資本をつぎ込んでもみんな裏口から逃げ出してしまう。どうしてそうなるんだろう」とか、「日本は大学が多すぎるんじゃないのか」とか世界中のいろんなことに関心を持っていた。反対に文化なんかにはあまり関心がなかったね。

シンガポールは外国から来た資本や人にいろいろ優遇措置を取っていたから「ずいぶんもてなしのいいことをしてますね」と聞いたら、「あの連中がいてくれる、ということはシンガポールの役に立つんだから、こんなところに暮らしたくない、なんて言わせないようにぜいたくさせてやるんだ」と話していた。

まくしたてるわけでもないし、物静かで英語は完璧だったな。ちゃんとデザートまで付き合ってもらったね。

10　外国での人脈づくり——逃げないことがコツ

外国の人との関係を作ろうと思ったら、要は逃げないことですよ。英語を覚えると言っても最低限のことだけでいいんでね。ヨーロッパでもアジアでも、最低英語で通じるところが増えたから便利になった。会議が五時間あるとして、五時間黙って座っているわけにはいかないから、わりに早く覚えられる。どうも横飯は嫌だ、と逃げちゃうとだめなんでね。何もしないでおいて、（外国の人脈や情報といった）結果だけはもらいたい、なんて無理だよね。

有力な政治家が外国に行ったりするでしょ。どこでもその大使館で一番できのいい人が通訳につく。優秀であっても通訳には癖があるから、政治家が違っても同じような話をされるよう

海外での講演も人脈作りの一つだ(台湾で)

な感じを相手は持つんだね。会談する相手も、通訳に向かって半分くらい話すし、聞くときは通訳の声を聞くから。それで「日本人はいつも同じようなことしか言わないから、もう会わない」なんて言われたりするんだよね。

こんな話がある。ワシントンで首相経験者が派閥の人を連れて行った。一人しか通訳をつけなかったものだから、どっちが首相経験者なのか、分からなくなって、相手の人がもう一人の方が首相経験者だと勘違いした、というんだ。

まあ、日本人は割に礼儀正しくて婉曲話法で話したりするから、「彼は何を話していたっけ」ということもよくある。外国に行って役人の書いたスピーチを読み上げるのは最悪だし、街頭演説でやるような永田町語を使って、これが演説だと思ってやっていると、いい通訳がついてどう翻訳しても立派な話にならないんだ。そういう人って一度会うと、次から話を聞いてもらえなくなる。

日英二〇〇〇年委員会の時って、座長がセッションの司会をしなければいけない。役人の手伝いで出てきたような人は詰まらない話をするんだよ。そういうのをそのままにしておくと、向こうの連中は嫌な顔をするんだ。彼らはスピーチをものすごく楽しむ人種なんだ。二〇〇〇年委員会でも会議をやると、首相に呼ばれたり、通産大臣みたいな人の招待だったりの昼食会なんかがある。そうなると、二日で四度くらいスピーチをしなければいけない。出ているメンバーはほとんど同じだから、同じ話はできない。そんなことしようものなら、うんざりした顔を露骨にするんだよね。だから、こっちはなかなかくたびれたね。

（外国の要人と）情報を交換するためには、用事のない時に会って話ができていないとだめだ。いきなり連絡してもだめなんでね。たとえば、イラクできょう事件があったという時に、たまたまワシントンでアポイントが取れて、向こうが少し知っている立場の人でも、ただ会っただけでは「知らない」と言うよ。そこで「私の感じではこうなんだが」と少し新しい感じの話をしなければ、向こうも話に乗ってこない。新聞で読んだことしか言えない人は相手にしてくれないよね。

たとえばシュルツが（アメリカの）国務長官をしているときに、年に何回かスタンフォード大学に行って、半日、専門家の話を聞いて、自分の情報を更新していたというんだ。国務省の役人の話だけに頼らない、という心がけなんだね。日本だとなんでも「すぐに中近東局長を呼べ」となるからね。

海外の情報を得るためには海外の新聞を読むことだ。エコノミスト、フィナンシャル・タイムズ、ヘラルド・トリビューン、ウォール・ストリート・ジャーナルなんかは私も読んでいた。アメリカなんかにはいいコラムニストがいて、保守派だとか、リベラルだとかだいたいの見当がつく。そういうのを読んだうえで、人に確かめればいいんだ。「こういうことが書いてあったね。私はこう思うんだけど、どうだろうか」とね。そうなれば相手も応じてくれる。情報の利用がシステムとして確立していないのが日本の外交の弱いところだ。それよりも首相官邸の意向がどうなのか、ということばかり先に立ってしまっている。

11　米国人スタッフ——香港実業家の話で発案

日米、日英以外にも議員同士の付き合いはやったよ。アメリカの国務省OBからNATOの枠組みで集まっている議員団を受け入れてくれないか、と言われたことがあってね。日米だけでもしんどいのにヨーロッパまで付き合うのは無理だな、と言ったんだけど、頼んだほかのところで進展がなかった。それで、「招待者がいればいいなら、私も国会議員だから個人としてなら招待できるけど」と話したんだ。そうしたら「それで十分だ」となって、一九八〇年五月に北大西洋議員評議会のメンバー一〇人くらいが来日した。

こういうのが来るんですが、と話すと、当時の大平首相も会ってくれて、衆参の議長も「私のところで飯を用意しましょう」と言ってくれて歓迎してもらった。四、五日滞在して帰る直前に、先方が答礼のパーティーを開くことになった。ところが、その日、衆院で大平内閣の不信任案が通ってしまって、解散になっちゃった。

そうなると議員は選挙区に走るから、みんなパーティーなんかに来やしない。こりゃ参ったなと思っていたら、ひとり山村新治郎さん(のちに運輸相)が来てくれた。「ずっといるわけにはいかないけど、来なきゃ悪いからね」と言ってね。気持ちのいい人だったね。

その日の懇談の中で「一回きりで終わるのももったいないから、NATOで開く会議にオブザーバーとして招待するから来てくれ」なんて話になって、その年の秋だったかな、三原朝雄さん(元防衛長官)を団長にして出かけた。そのときに知り合いになった一人が、イギリスの香港総督をやったパッテンだ。

いろんな国の会議にもずいぶん出かけたな。会議を眺めていると、世界の国が何を考えているのか見えたりするんだよ。とんでもない誤解もある。ある会議で、西ドイツの議員が「日本は車の次に戦車を輸出するだろう」なんて大まじめで話しているんだ。「いや、日本は武器は輸出しないという原則があるんだよ」と説明したけど、日本人が当然ほかの国の人も知っていると思っていることだって、案外知られていないんだよ。

ある時、香港の銀行のオーナーを紹介されてね。彼から「お願いがあるんだが」と切り出され、「何でしょう。できることならやりますよ」と答えたんだ。そうしたら「世界中で将来役に立つ若者を何年間か生活費、学費すべて面倒をみる奨学金制度を私的にやっているが、日本にいい人はいないか、探してくれないか」という頼みだった。

条件を聞いたら、「何もないよ。ハーバードでもオックスフォードでも本人が行きたいところに行っていい」と言うんだ。「すごいね」と言ったよ。そしたら「これしろ、あれしろ、と注文をつけたら、ろくな人にならないからね」だってさ。

いい人材を推薦する自信なんかなかったから断っちゃったけど、感銘を受けたね。若い人にはこっちで枠を決めずにやりたいことをやらせる、そういうやり方がいいんだろうと思った。

そんな出会いがきっかけで、私の事務所の中に外国人を受け入れることにした。スペースと机くらいならあげられるし、自民党に行くにも、国会に入るにも「うちの秘書です」と言えば入れる。

まあ、勉強のベースを準備してあげただけだ。何人も来たけど、その後は投資機関とか日米関係の団体とかいろんなところで働いている。中には牧師になったなんてのもいたな。一〇人に一人くらい偉くなるのがいいな、とは思ったけど、仕事は何もなしさ。学者や議会関係者にセミナーをやってもらった時の世話くらいはやってもらったけどね。

彼らに言ったのは「日本語を話せるというのではなく、日本の新聞を斜め読みできるくらいになりなさいよ」ということと、「会いたい人がいれば紹介するよ」ということだけ。意外にアメリカから来る客が、彼らにとってはアメリカで会えない人だったりすることもあったね。

椎名事務所は外国人スタッフを置く珍しい事務所として知られた。その中に、アメリカの国家安全保障会議（ＮＳＣ）前アジア部長のマイケル・グリーン氏もいた。グリーン氏は各党の幹部クラスの信頼も厚い知日派。椎名氏との関係は永田町でよく知られている。

――椎名氏の秘書の佐賀保氏はこんな経験をした。「ある時事務所に『小渕ですが、椎名先生いらっしゃる』と電話がありました。もしや、と思ったら小渕恵三首相。小渕さんは『マイケル・グリーンはお宅の事務所で働いていたんだってね。今度アメリカで会ってくるので、ちょっと電話してみました』と。ああ、これがうわさの『ブッチホン』かと思いました」。

グリーンは一年くらいうちにいた後、アメリカの国務省なんかで仕事をするようになった。彼が日本に来たときには「ワシントンはどうだ」と聞いたけど、彼にお願いなんかをしたことはないよ。それをやったら彼は日本の手先だと思われちゃうからね。ずいぶん永田町の人から「あなたのところにいたんだろ。紹介してくれ」と言われたけど、仲介しなかったな。

12　米国務長官特別功労賞――アーミテージの贈り物

まだ参院議員だった二〇〇三年の四月か五月くらいだったと記憶してるんだけれど、ベーカー駐日米国大使の上級顧問のパターソンが「できるだけ早い機会に会いたい」と連絡してきたんだ。

何の用件か見当が付かなかったが、会ったら「長年の功績に対し、国務長官特別功労賞を差し上げたいが、受けて頂けるか」と聞かれたんだ。「私がしたことがよかったか、どうかわからないが、いただきますよ」と答えたよ。すると、パターソンは「アーミテージ国務副長官が来日する機会に、副長官から直接お渡ししたい」と話した。

トーケル・パターソン氏は国務次官補代理などを務めた知日派の米政府高官。リチャード・アーミテージ国務副長官らとともに椎名氏とは長年の付き合いがあった。国務長官特別功労賞は米国の外交に長年貢献した人に与えられる国務省最高位の賞の一つで、これまで米国人以外では椎名氏のほか一人しか受賞しておらず、日本人では椎名氏が初めてだった。

大使館から「授与式をどうやるか希望を言ってくれ」と問い合わせがきたので、どうせならみんなに来てもらおうと、羽田孜さん、海部俊樹さん、宮

アーミテージ氏から特別功労賞を受け取る椎名氏

沢喜一さんといった首相経験者、平岩外四さん、豊田章一郎さん、ノーベル賞受賞者の小柴昌俊さん、それに地元岩手県の人たちが来てくれた。ベーカー大使が「こんなに多彩なメンバーが大使館に集まったのは初めて」と言っていた。

アーミテージはスピーチで「アメリカにたくさんの友人がいるとか、アメリカに貢献したとかが椎名議員の授与の理由ではない」と力説してたな。「終始一貫していること、原則を堅く守ること、人の付き合いでは真実を語ること、そしてよりよい理想というものを描いて行動することをアメリカ人の多くに教えてくださったからだ」と言ってもらったね。

アーミテージ氏はこの時のスピーチで「椎名議員は骨の髄まで、極東、世界における平和と安全は日米同盟によって成し遂げられると信じてきた。世界の大きな出来事に日本が積極的に参加するようになってきた。ということは、先生の努力が実を結んできたということではないでしょうか」と話した。

日米関係ではね、自民党を離党してからも、ミスやほころびがあって、こりゃまずいことになるぞと気づいたときは、外務省なりに連絡して「私はこう思うけどね」と情報を入れたりしてた。

ただ、小泉政権になってから、なんか気持ちが切れたね。田中真紀子外相が九・一一の同時多発テロの時に、米国の役人がどこに避難したか、なんて話をしてバラしちゃうんだから。

日米で何も起きなかったから良かったけど、外交常識というか、互いの危機管理からして、そんな話を外相たる立場の人間がしちゃうなんて、あり得ないことなんだけどね。

◇

アーミテージ氏は読売新聞に対し、椎名氏への敬意と友情を文書で語った。

椎名先生(原文：Shiina-sensei)は、米国と日本の両国間の関係がアジアにおける平和と安定の鍵を握り、とりわけ強固な安全保障分野での関係構築が柱となると早い段階から理解していた愛国者です。

彼は日米が困難な局面を迎えた一九八〇年代後半もその信念を守り通し、米国の友人達にも諦めないよう気持ちを強く動かしました。

冷戦が終息し、我々は勝利を得て、日本国民は二世代にわたって繁栄しました。パウエル国務長官の名でこの賞を贈れたことは私の人生の中で最も光栄な出来事の一つです。

椎名先生は外務省と防衛庁に助言を与え、導きました。彼のお陰でマイケル・グリーン(国家安全保障会議前アジア上級部長)、ジム・アワー(元国防総省日本部長)、トーケル・パターソン、ジム・ケリー(元国務次官補)や私は多くを学びとる環境を得ました。

かつて、日米政府間で平行線をたどった(防衛予算の対国民総生産)一％の議論の壁を乗り越えられたのにも、彼の貢献があったと、私は個人的に思います。

椎名、アーミテージ両氏と親交のあった加藤良三駐米大使はあるインタビューで「アーミテージ氏が一番尊敬し、信頼している日本人は椎名素夫氏だと思う」と話している。

（加藤駐米大使の意見に）間違いはありません。それは椎名先生が非凡な人だからです。穏やかで思慮深く、信条を持ち、また誠実な人物です。彼は歴史観を持ち、世界の舞台で日本がどのような役割を担うべきかをよく理解しています。

第二章　政界での日々

1　四〇日抗争――首相指名選で白票投ず

一九七九年、衆院議員に初当選し、国会に行ったら四〇日抗争になっていた。なんだかよく分からないし、だれに聞いても分からない。国会近くに持っていた事務所に裏口から入ろうとしたら、前から藤尾正行さん(のちに自民党政調会長)が歩いてきた。先生に「どういうことなんですか」と聞いたら、「いつもの通り下らんことをやっとるんだ。こんなのはそのうち収まるところに収まる。巻き込まれないように、ここあたりをうろうろしないで、知らん顔していた方がいいぞ」と言われたんだ。それでしょうがないから帰ったよ。

自民党は七九年の衆院選で敗北した。政権を維持しようとする大平正芳首相と、辞任を求める福田赳夫前首相が四〇日にわたって対立した。国会の首相指名選挙でも自民党議員は大平、福田の両陣営に分かれて投票する異常事態になった。

大平内閣が発足し、会談する大平首相(中央)と福田前首相。
左端は鈴木善幸氏(1978年、首相官邸で)

「こっちに入れてくれ」と大平さん側からも福田さん側からも誘われたな。最初は(衆院当選)二回生くらいがやって来たので、適当にあしらっていると、そのうち中堅、派閥の幹部が顔を出し始め、事務所に名刺を置いてったりした。「ちょっとお会いしたい」といった伝言付きでね。

投票前日には大平さん、福田さん本人から電話を受けた。どっちが何言ったか忘れたけど、「父上には昔からお世話になったし、一緒にやってきた。ぜひ今度は助けてくれよ」なんて口説かれたりしてね。

だけど、私は「党内争いは家で親父とお袋がけんかしているようなもので、筋が違いませんか。ここは話し合いで、どちらが総理総裁か決めてくれませんか」と言った。

国会では結局(最初の投票、決選投票の)二回とも白票を入れた。同期で当選した工藤巌先生(のちに岩手県知事）と国会で会った時に、「どうしますかね。私はばかばかしいから白票を出そうかと思っている」と話したら、工藤先生も「いや、私もそう思っていた」と言われていた。

首相指名選挙は大平氏が勝ち、政権を維持した。だが、大平氏は七か月後、内閣不信任案の可決を受けて衆院解散に打って出た衆参同日選挙中、急死する。

私は政治家になる前からフィリピンとの付き合いがあった。それで、フィリピン政府が「感謝状を贈りたい」と言ってきた。アキノ大統領が就任したばかりの八六年でした。マニラに大統領の表敬に行ったら、先方から「福田元首相が来ているので、面会は両者一緒でいいか」と言われ、同席することになった。

アキノ氏は八六年にマルコス大統領と大統領選を戦った。国民議会はマルコス勝利を宣言したが、不正があったとして民衆の間にマルコス批判が広がった。結局、マルコス氏は国外脱出し、大統領にはアキノ氏が就任した。福田氏はフィリピン元日本留学生連合会の記念式典に出席するために訪比していた。

その席で、福田さんがＯＢサミットの話を始めたんだ。「西ドイツのシュミット（元首相）もＯＢサミットに入っている。残念ながら、アジアからは私しか参加していない。お国のようなところからも参加して頂きたい」と熱心に話すんだ。

ＯＢサミットは、各国の大統領・首相が地球規模の政治、経済、社会問題などに提言する集まりで、福田氏は中心メンバーの一人だった。

福田さんのわきで、「何を言い出すんだろう」と不安に思いながら聞いていた。すると案の定、アキノ大統領に「それならミスター・マルコスがよろしいんじゃないかしら。彼はたぶん暇だから」と痛烈な皮肉を食らっちゃった。

福田さんは「マルコスさんていうわけにはねえ」なんて笑って受けたけど、互いに立場のある人物同士のやり取りだけに、日比関係に影響しはしないかと、正直、ぞっとしたよ。

2　灘尾預かり――賢人の会で知恵学ぶ

一九七九年の衆院選に出たときは、もし首尾良く当選したら自然の流れで椎名派の一員かな、と思っていたんだ。ところが、選挙前に椎名派の後継者になろう、と派内で活発に動いた人がいてね。その人がなったら困るという人が多くて、みんなあっちこっち（の派閥）にばらばらに散らばっちゃって、選挙を前にして、椎名派はなくなっちゃっていた。

椎名派は川島正次郎・自民党元副総裁が亡くなった後、素夫氏の父・悦三郎氏が後を継いだ派閥。赤城宗徳・元防衛長官、荒船清十郎・元運輸相らのベテランや、のちに衆院議長になる綿貫民輔氏らがいた。

そんな時に、おやじと付き合いのあった藤尾正行さん（のちに政調会長）が、灘尾弘吉先生と会う機会を作ってくれた。

灘尾先生は「しばらくは無派閥でいいじゃないか。一人は大変かも知れないから、『無派閥・灘尾預かり』でどうだ」と言ってくださった。それで無派閥で行くことになったんだ。灘尾先生には「（自民党は）なかなか大変なところだから、どうしてもどこか（の派閥）に行った方がいいと思ったら、いつでも行ってもいいよ」と言っていただいたね。

悦三郎氏の足跡を書いた本の出版記念会で灘尾弘吉氏とともに演壇に立つ素夫氏

灘尾氏は七九年に議長になったベテラン議員で、同じく衆院議長経験者の前尾繁三郎氏とともに、悦三郎氏と親しかった。自民党内で信望が厚かった三人は「三賢人」とも呼ばれ、時に首相候補として名前が上がった。月一回程度三人が集まって、料理屋で開く会合は「三賢人の会」として、政界関係者の注目も集めた。会は悦三郎氏の死去と前尾氏の落選で自然消滅した。

前尾先生が次の(八〇年の)衆院選で復帰した後、灘尾先生が「君のおやじと一緒に三人で会をやっていたんだ。君も来ないか」と誘ってくれた。会費はなしで、席を用意した人が順番に支払いをする、というルールもおやじの時と同じ。おやじと同じ扱いをしてくれたことが本当にうれしかったよ。

私はホテルニューオータニの庭園内にある「なだ万」の山茶花荘を使った。使う日は、おやじの書をかけてくれるような心配りをしてくれる店だったね。

会では二人の間で「あの時は陸軍がひどかった」「そうだ、苦労したな」なんて感じの会話が飛んでね。戦前から、日本の政治や行政で起きたことをどう処理したか、昔話に花が咲いている。右の方を向いていたものをどうやって左に向けたのか、というような話でさ、そのやり方が芸術的なんだ。政治は人間がやることだから、話が非常に参考になってね。私なんてずっと聞いているだけで、聞かれたときだけしか話さなかった。

何回か会を開いた後、「次は店に道具を用意させて、三人で書をやろう」と決めたんだけど、その直後に前尾さんが京都で亡くなってしまった。非常に楽しみにしていたので残念だった。しばらくしたら、前尾さんの昔からの秘書さんが軸を二本持ってきてくれてね。「夫人の言いつけで来ました。気に入った方を取ってください」と言われて、そのうちの一つを頂いた。どこからか、会の話が伝わったんだろうね。

前尾氏は七一年、大平正芳氏を支持するグループに「宏池会」会長の座を追われ、前尾派から大平派への代替わりを余儀なくされた。大平派は大平氏の死去に伴い、鈴木善幸首相が派閥を継承した。

前尾先生に鈴木派という意識がどの程度あったかは分からない。ただ、京都で前尾さんが亡くなって、葬式に行ったら、鈴木派の人がずらっといたよ。私の顔を見たら「わざわざありがとうございます」なんて他人扱いでさ、愉快じゃなかったね。

灘尾先生にしても、前尾先生にしても立派だったね。言っていることがあっちとこっちで違うなんてことがなかった。本物の政治家というのを一番最初に見ちゃったんだよな。

3　鈴木善幸首相――首相の責任に納得

二回目に当選した後、選挙中に急死した大平さんの後を継いで鈴木善幸さんが首相に就任し

自民党長老の会談に向かう鈴木善幸前首相（1986年）

た。郷土から首相誕生ということだったんで、県内はだいぶ盛り上がってね。たしか県の文化会館で祝賀大会をやったんだよ。本人はもちろん来られなかったけど。

そうすると、みんな「いずれは首相になると思っていた」とか言うわけ。私の番が回ってきたころにはそんな話にみんな飽きているもんだから、「私はまさか総理になると思っていなかった」と話したんだよ。会場はドッと笑いに包まれたね。

首相時代に付き合いはあまりなかった。ただ、首相官邸に行くと、どしっと落ち着いて座っていて、総理大臣という感じがしたね。

印象深いのは国会の委員会での答弁。同じことを繰り返すんだよね。絶対気の利いたことを言おうなんて気がなくて、用意された答弁書を読んじゃう。正直言って、退屈でした。自民党でも、社会党でも、次の人でも、みんなに同じことを読む。議場はだらけてしまった。でも、あとでだれかが「あれは信念でやっているんだ。議事録は本当の公文書だからそこで間違うと大変なことが起きる。首相の責任はそういうものと思っているんだ」と解説していた。それを聞いて、なるほどな、と思って、あまり文句を言わないことにした。

4　昭和の妖怪――座っているだけで迫力

鈴木善幸さんが首相退陣を表明した後、後継問題で最高顧問が集まった席に同席したことがあった。岸(信介・元首相)さんや福田(赳夫・元首相)さん、三木(武夫・元首相)さん、そして議長経験者だった灘尾弘吉先生らがメンバーでね。執行部が話し合いでまとめようと、こうした面々を担ぎ出したんだ。

自民党総裁に再選確実と見られていた鈴木首相は一九八二年、突然総裁選不出馬を表明した。後継候補の選出は話し合いになるか、予備選(公選)を実施するかで、二階堂進幹事長らによる調整が続いた。

執行部は話し合い決着になった場合、出番があるかもしれない、と最高顧問の先生たちに待機要請をしたんだ。私は自民党本部でうろうろしていたら、灘尾先生と会って「何か知らないが、付き合わなければいけないので、ついてきてくれないか」と言われ、お供をした。

待機の場所は党本部すぐそばの赤坂プリンスホテル。夜の一〇時くらいから、テレビを三台くらい置いた部屋で、最高顧問が待つことになった。私も部屋に入っていたが、すごい気迫なんだ。目もらんらんとしていた。談笑なんかなしだ。

ただ、三木さんは時々部屋の外に出て行って、待ちかまえる新聞記者に党本部の情勢を逆取材するんだ。戻ってきて、「今、記者に聞いてきたけど、こうなっているようだ」なんて報告するんだけど、だれも何も言わない。岸さんなんか、ギョロッと見るだけだった。

日付が変わったあたりで、「朝までかかるかもしれませんから、お休みになる部屋をしつらえました」なんて、だれだったか執行部の人が言ってはくれるんだけど、みんな聞こえなかったかのような顔をしている。こんな肝心な場面で寝てられるか、という感じでね。へえ、すごいね、と思ったよ。

でも、しばらくしたら、灘尾先生が「椎名君、付き合っても仕方ないから、寝ようか」と言うんで別室に引き上げた。

ところが、その部屋でも灘尾先生は寝ないんだな。結局、明け方、公選に決まるまでずっとテレビを見通しだったな。真剣勝負に臨んだベテラン中のベテランが、どんな生態を示すかを見たね。


予備選の結果、中曽根康弘氏が河本敏夫氏らを破り、首相の座に就いた。

岸さんには、政界入り前から何度かお会いした。岸さんからすればこっちは盟友の息子だ。私が渋谷で四〇人くらいの結婚披露宴をした時も主賓で来てくれた。五〇年近く前のことだから、何の話をしたか忘れちゃったけどね。

岸元首相は素夫氏の父・悦三郎氏にとって長年政治行動をともにした同志だった。

岸さんは永田町のそばに事務所を構えていて、まだおやじ(悦三郎氏)が岸派にいたころ、何度か行ったことがある。選挙の時に、おやじから『お金を取りに行ってきてくれ』というような用件だったんじゃないかな。確かじゃないけど。行くと、岸さんはただ座っているだけ。それでも迫力があって、風圧を感じるような人だったね。

あのころはお金が動くといっても、一万円札がまだなくて、千円札でしょ。用意するのが大変だっ

福田赳夫元首相と談笑する岸信介元首相

たそうだ。（永田町に近い）虎ノ門あたりの銀行の支店は、（新札と違い、配っても出所が分かりにくい）連番でないお札をいかに集めるか競争しているなんて話を聞いたね。

5　推薦人――公選目指し、中川氏推す

衆院で二回当選したころ、科学技術予算の増額が必要だと思って、科学技術庁を応援する会を若手で作った。そのときの長官が中川一郎さんだった。

中川氏は中川昭一農水相の父で、鈴木善幸内閣で科学技術庁長官を務めた当時のニューリーダーの一人。八一年度予算では大型ロケット開発の予算を確保するなど、科学技術庁の予算増額に貢献した。

予算が増えたことを喜んで、打ち上げには普段は来ないような高名な学者や研究者なんかも駆けつけたんだ。そうしたら、中川さんは会場を見ながら一人ずつ名前を挙げ、「先生、ご挨拶ください」なんて司会みたいなことをやり始めた。そんな人柄だから周囲からは非常に愛されたね。

中川氏は八二年、退陣表明した鈴木首相の後継を決める自民党総裁選挙に出馬した。当

時の総裁選は、候補者が三人以内なら党所属国会議員による本選挙、四人以上なら党員・党友による予備選挙（公選）を実施した上で、本選挙を実施する仕組みだった。出馬には五〇人の推薦人が必要だったが、中川派は一〇人あまりの小さな派閥だった。

総裁は「この人以外にはいない」と、話し合いで決まるのが理想。でも、話し合いの背後でお金の行き来があると思われるようではいけないから、私は公選でやる方がいいと思った。

それで無派閥の灘尾（弘吉・元衆院議長）さん、三原（朝雄・元防衛長官）さんに「中川さんが出れば公選です。私らで推薦人になりましょうよ」と提案したら、二人とも了解してくれて、一緒に推薦人になってくれた。あと、福田派の一部が中川さんの推薦人に回ったので、五〇人が集まった。

中川さんの出馬が決まった後、決起大会をやる

大平正芳幹事長と握手を交わす中川一郎農水相

から来てください、という連絡が陣営から来たよ。私は「前にも言った通り、公選で決めることが大事なんです。だから推薦人になった。今、中川先生に是が非でも総裁をやってもらいたいというわけではない」と言って断っちゃった。

その後、中川陣営の三塚博さん（のちに蔵相）に電話でこう話したんだよ。「中川さんも『公選が実現した以上、後は（出馬を表明していた）安倍晋太郎さんを応援します』という理由を付けて、中川票をゼロにした方がいい。惨敗すれば、中川さん（の政治生命）はおしまいになっちゃうわけですから。惨敗は避けないと。しかし、ゼロなら本当の力はだれも分からないから、まだ先ができますよ」とね。

しかし、三塚さんには「もうそうは行かない。走り出しているから」とはねつけられた。中川さんも人気があったから、少し錯覚したんではないかなあ。

総裁選は、一一月に行われた予備選の結果、中曽根康弘氏が過半数の票を獲得した。河本敏夫氏ら他の候補が本選挙への出馬を辞退し、中曽根氏が鈴木首相の後継の座についた。中川氏は最下位に終わった。

その年の一二月三〇日、（現在外交評論家の）岡崎久彦君と昼飯を食いにキャピトル東急に行ったら、中川さんとばったり会った。「大変でしたねえ」と声をかけたら、「なんだかよく分からない。どうしてこういうことになったのか」なんて言っていた。

岡崎君と「中川さん、何だか気が抜けちゃったみたいだな」と話したんだけど、正月明けに自殺してしまった。あんなことになるんだったらもっと手伝えばよかったかな、と思った。まじめで思いやりがあって、比較的欲も少ない人だった。ああいう人は最近いないものね。

6　科学技術と政府調達

政調副会長をやっていると、だんだん顔を出す官僚が増えてきた。「どういう順番で根回ししたらいいでしょうか」なんて聞かれるんだ。リストを見て、「この人は先にやった方がいい。この人とこの人は同じにしないともめるよ」なんて説明した。根回しというのは、ある人の日程の都合がつかないからと言って、後回しにしたりすると、それが原因でもめることがあった。

藤尾正行先生が政調会長だった時、「おかしいと思わないか。自民党は毎回選挙のたびに重要政策に科学技術を入れているのに、どれが科学技術予算なのか分からない。任せたから、徹底的にやってくれ」と言うんだ。「任せた」というのが好きな人だったな。全部調べてみたら一八の省庁に科学技術予算というのがあった。党に委員会を作って、一週間かけてヒアリングして、重要性についていくらかウエートづけした報告書を出す。そういうのを出すと、(役人が考えて)自然に全体がそうなるんだ。

当時大蔵省で科学技術担当の主計官をしていたのが武藤敏郎さんだった。当時たしか竹下(登)さんが蔵相でね、「先日竹下先生に呼ばれ、『党に委員会ができて、椎名さんがやるからあの人の言うことは全部聞け』と言われました」なんて言うんだね。そういうのを言いに来るところがはしっこいんだけどね。

武藤敏郎氏は大蔵省の主計局長を経て、最後の大蔵省の事務次官と財務省の初代次官を務めた大物官僚。二〇〇三年に日本銀行の副総裁に就任した。

それまでの経験で言えば、大蔵省なんて言うのは、「財源がない」と言いながら、「実はまだありました」なんてやるところなんだよね。それで「おれたちが下手な知恵を出してもどうせごまかされちゃうから、そこらへんは信用する。こっちが何に予算をつけてもらいたいかだけ言うから頼むよ」と言った。そしたら相当な荒業をやってくれて、一、二、三を除いては予算がつかないだろうと思って要求した予算までつけちゃった。こっちは神様みたいに各省から感謝されたね。できる人って、細かいところまで指示すると、あんまり仕事しないんだ。逆に方向性だけ出して、任せちゃった方がちゃんとやってくれる。

武藤さんの後の話だけど、日本の対米貿易黒字に批判が強くなって、政府調達をもうちょっとやれないか、という話があった。

一九八七年、日本と米国の間に深刻な貿易摩擦が起きていた。半導体を巡っては対日報復措置が発動されるなど険悪な状況に陥っていた。折しも四月末から中曽根首相の訪米が予定され、その地ならし役として安倍晋太郎党総務会長が首相特使としてアメリカに派遣されることになった。その土産として政府調達問題が浮上していた。

当時の伊東正義政調会長に「政府調達はやった方がいい」と伝えてあった。「どうせ行くなら（政府調達の）額を党としてコミットしちゃったらどうですか。どうせ出さなきゃならなくなる」と話したんだ。でも、伊東さんは「（今年度の）予算審議中にそんなことを言えない」と言うんだ。それはそうなんだ。予算案が審議されている時は政府としてはこの予算がベストだ、というのが建前だ。「じゃあ、私がしゃべっちゃっていいですかね」と話して、伊東さんから了解をもらったうえで、ニューヨークタイムスのインタビューで「日本政府はこれくらいの規模の政府調達をやる方針だ」と話した。そうなると公約になっちゃうからね。

自民党は四月末、局面の打開を図ろうと公共事業の前倒し執行や外国製品を購入するための政府調達の特別枠の設置などを盛り込んだ総合経済対策を発表。政府も五月末に党の方針を踏まえた緊急経済対策を発表した。政府調達の一〇億ドルという巨額の特別枠が組まれた。

大蔵省の役人に政府調達を増やせないか、と話したんだ。そうしたら彼は「各省から要求がないんです。出ていないものはつけられません」と言うんだ。そりゃあそうだけど、そんなはずないだろうと思った。で、「各省の会計課長を呼び集めて下手に手出しすると来年度の予算は考えないといけないから、というようなことを言ったんだろう。そう言われたら各省庁も出せないよな」と聞いた。「そんなことはやっておりません」と言う。「本当にやってないの」「やってません」と、五回くらいやりとりがあった。それで最後に「これからもやらないということでいいのか」と聞いたら、「その通りです。今までもやってなかったですから、やりません」と言うから、各省の会計課長におふれを出した。すると、各省からワーッと案件が出てきた。たとえば気象庁なんかでは世界中の天気を百年以上つけた記録を要求してきた。「非常に欲しかったけど、買ってもらえないから我慢してきた」なんて言っていたな。たしか、何千万円かのものだったと思う。各省の分、ほとんど全部予算をつけたよ。それでも予算の枠が余っちゃったんだ。

すると大蔵省の役人って面白いんだよ。「少し予算があるんですが、この際飛行機を買っちゃったらどうでしょうか」なんて言ってくるんだよ。政府専用機をそれで買ったんだよ。最初は反対していてもいったん予算が決まると、なんとか役に立つような使い方をしようと思うんだよね。

政府専用機の購入は首相や皇室の外国訪問の際に利用される飛行機で、以前から懸案となっていた。八七年の五月に政府調達の目玉として盛り込まれ、九一年に導入された。

7　原子力船むつ――実力者に配慮しつつ廃船

一九八三年に、中山太郎さん（参院自民党幹事長、のち外相）たちから「原子力船『むつ』を考え直す会を一緒にやろう」と声をかけられた。むつは予算が追加、追加とキリがなかった。アメリカは原子力商船を計画したがだめになっていた。原子力商船が本当に必要か、という思っていたし、一度考え直さないといけないと思っていたので参加した。与謝野馨さん（現経済財政相）なんかも入っていたな。

「むつ」は、日本が初めて製造した原子力船。七四年、出力上昇試験のための航海で放射線漏れを起こし、廃船を求める声が上がっていた。中山氏らの会の中心メンバーは科学技術に理解の深い議員だった。

普通の船ならほうぼうの港で燃料を補給できるが、原子力船は核燃料の補給はもちろん、何かトラブルが起きたときのメンテナンスも寄港先でしなければならない。世界中でそんな設備を持った港ができるのかという疑問があった。

そのころの自民党の科学技術部会で部会長だったのが扇千景さん（現参院議長）。彼女は勉強家でね。毎回ノートを取りながら勉強していた。それで、廃船論と事業継続論でもめた部会の一任を取り付け、「廃船にする」と宣言しちゃった。

廃船宣言は直後、事業継続派が巻き返し、棚上げになった。自民党四役は廃船の是非は党内に「むつ検討委員会」をつくって結論を出すよう、決着の先送りを図った。その検討委員会の取りまとめ役が椎名氏に回ってきた。

一つの問題は国の原子力委員会だった。二一世紀には原子力商船の時代ができあがっているようないい加減な内容の構想を承認していた組織だから、まあ、この際責任を取ってもらおうと思ってね。

原子力委員会は原子力基本法に基づいて設置された組織で、首相はその決定を尊重しなければならないため、大きな権限を持っていた。委員長は科技庁長官（現在の

出港を阻止しようとする漁船に囲まれた原子力船「むつ」
（青森県大湊港で）

文部科学相）で、学者・専門家が委員長代理を務めた。

委員長代理を呼んで、「相談だが、委員の方にはこの機会に切腹してもらいたい」と言ってやった。委員長代理はいったん引き下がったが、しばらくして帰ってきて、「ほかの委員に話しましたが、みんなイエスと言いません」と。

こっちもカチンときた。「本当に役に立つか分からないものに予算をつけろと言うなら、我々はこれから原子力委員会を敵と見なす」と突き放し、以後は接触を断っちゃった。


自民党の委員会は八四年八月、むつは実験期間を短縮した上で、廃船するという結論をまとめた。


そのまま廃船にすると、まったくの無駄遣いになってしまうから、データはきちっと取っておくようにはした。当時の科学技術担当の新聞記者らは原子力嫌いの人が多かったから、「結論が手ぬるい。即廃船すべし」と批判を受けた。でも、私は「相当なスピードで動いているモノを止めるためには、制動距離が必要じゃないか」と反論したんだ。

だってね、むつ建造には二階堂（進・元自民党副総裁）さんほか、歴代の科技庁長官がかかわっているんだよ。当初建造費は数十億円のはずがどんどんふくれてしまい、放射能騒ぎの後は実験のために船を一メートルさえ動かせなくなった。結局、（政治上、肝心だったのは）かかわった人のメンツをどう収めるか、ということなんだよね。

原子力委員会とはその後も一切接触しなかった。役人は連絡していたと思うけどね。ただ、彼らと話し始めたらややたら細かな技術の話を聞くことになっただろうから、よかったと思うよ。

あきれたのは方針が決まった後、原子力委員会の委員のだれ一人として私のところに来なかった。本当なら憤慨して「日本の将来を誤ることになる。考え直せ」と言ってきてもいいもんだよね。しかし、だれも来なかったな。そういうところでインチキさが分かるね。そういうことって多いんじゃないかな。

8　政治とカネ——突然届いた紙袋

政治と金のことで、これはかかわると危ないなあ、と思ったことがあった。ある選挙の投票日の三日くらい前に、大平派だったたか、あるいはもう鈴木派に代替わりしていたか忘れたけれど、その派閥の中堅クラスの人が、遊説で花巻にいた私の所に突然やって来たんだ。

その人は派閥幹部の名前をあげ、「今日はおつかいでおじゃましたんだ」と、紙袋を私の目の前に置いたんだ。金が入っていると直感し、中を見ないで「受け取れません」と断った。しかし、相手は「おつかいのおれに言われても困る」の一点張りだ。

仕方なく、いったんは手元に置いた。選挙運動で疲れているというのに、その晩、巻紙に手紙を書いたよ。おつかいを出したという幹部にあててね。

「先生を尊敬しておりましたが、このような手段で人の心が買えるとお思いになっているなら、寂しい限りです」と書いた。それで私の秘書に次の朝、紙袋と手紙を渡し、「とにかく（郵便受けにでも）突っ込んでこい」と命じたんだ。

こっちは無派閥。まあ、選挙資金を援助する代わりに、派閥に入れようと思ったんだろうね。

椎名氏は一九八五年、自民党の国際局長に就任した。

政調副会長をやっていた時に、藤尾正行さん（当時政調会長）に呼ばれて、「今度は国際局長をやってくれ」と言われたんだけど、断った。「国際局長は自民党の役員連絡会にも出られる幹部ポストだ。なぜ断る」と聞かれたから、「だいたい（国際局長の権限は）実質がないですから。それに個人的に認めていない国の大使とも会わなければいけないから」と説明した。藤尾さんは困った顔していてね。それで「断るなら、金丸（信・幹事長）さんのところに行って、直接断ってくれ」と言われた。

しょうがないから金丸さんのところに行って断ったんだけど、「もう一日考えてくれ」というから、翌日もう一度出向いて「まことに目をかけてもらってありがたいですけど、お断りします」と話したら、「じゃあ、（政調副会長と）両方やってくれ」と言われて、両方やらざるを得なくなった。で、就任直後、党の職員に「前国際局長は各国の大使全員と面会しましたよ」と説明を受けた。聞くと実に百何十か国もあるんだ。

全員と会うのは大変だし、そんなことしてたら仕事になりゃしない。そこで「代わりに就任パーティーをやろう」と提案したよ。一回あいさつすればおしまいになるからね。そうしたら「どこのホテルを使いましょうか」とその職員は言うんだ。

ホテルに呼べば喜ぶなんて発想が貧困だからさ、「この自民党本部の会議室でやって、幹事長に会えるようにすればみんな喜ぶんじゃないか」と返したよ。

アメリカあたりならともかく、ほかの小さな国の大使なんか幹事長になかなか会えないものなんだよ。幹事長に会えば、きょうは日本の実力者の幹事長にこういう要請を行った、と電報を本国に打てる。それだけで大使というものは大変面目が立つものなんだ。最高のごちそうなわけですよ。

しかし、党職員も国際局の予算を使い切らないと困る、とでも思ったのか、とにかくホテルで豪華にやりたがる。「飲み物と豆でも出して、党

会議で同席する二階堂進氏（中央）と椎名氏（左）

本部でやる」と宣言したら、最後は「せめてオードブルくらいは必要では」と食い下がる。まあ、それだけは認めたな。

で、時の幹事長の金丸さんにパーティーへの出席をお願いしたら、本人はもちろん、ほかの党幹部や大臣数人が来てくれたよ。大使はみんな喜んだね。食い物なんかに目もくれず、金丸さんの回りに集まっていたもの。終わった後、職員に「いくらかかったの」と聞いたら、たしか一八万円くらいで済んじゃった。

あのころの副総裁は二階堂(進)さんだった。二階堂さんは何か活躍の場を探していた感じでね、アメリカあたりからちょっとした議員が来日したりすると、夕飯会を築地あたりの高級料亭に連れて行くんだ。

そのツケの請求書を党本部の経理局長に持って行く役目を一回だけ引き受けちゃった。額は二百数十万円。もちろん局長はものすごく嫌そうな顔をする。しかし、「二階堂さんに、もう少し節約しましょうなんて言うわけにはいかないでしょ」と話したんだ。すると、「しょうがないか」と、判子を逆さにして押したよ。子どもみたいだったな。

それにしても一晩で二百数十万円だよ。金額を知らない相手に、そのありがたみがどこまで伝わったのかねえ。

9 水沢江刺駅開業――求めなかった回答

東北新幹線が盛岡まで開通する時、地元の岩手県水沢市（現奥州市）に新駅をつくろうという運動が熱を帯びた。おやじ（悦三郎氏）も一生懸命働きかけたりして、「新幹線が札幌まで開通したら新駅をつくる」という線で決着した。みんな、これで駅ができる、と思ったよ。でも、おやじのいすを継いでから国鉄の幹部と話すと、つくる気がないとすぐにわかった。

東北新幹線は一九八二年、大宮から盛岡間で開業した。水沢の住民が新駅（現在の水沢江刺駅）設置を求めたが、国鉄は県内の駅は盛岡、北上、一ノ関の三駅という方針だった。

山村新治郎さん（のちに運輸相）とか、最後の方では三塚博さん（元運輸相、のち外相）なんかも水沢を応援してくださった。だけど、役人の理屈では、札幌までつながったらつくりましょう、なんだな。

鈴木善幸さんの内閣の時にこんなことがあった。塩川正十郎さん（小泉内閣で財務相）が運輸相の時に、水沢市の幹部ほか七～八人を連れて陳情に行った。

私は「とにかく、もう建設省は駅前広場の計画も決めている。このまま放っておくと、新幹線が通過していくのを見るための広場になっちゃうわけだ」と説明したんだ。本当にそうなれば、相当みっともない話だよ。

開業した東北新幹線水沢江刺駅前で横断幕を掲げ、喜ぶ市民

そうしたら、塩川さんが張り切っちゃってね。局長を呼びつけて、「これは片づけなければいけない問題だ。水沢には小沢一郎君と椎名君がいるんで、この人たちと私で一席設け、方針を決めようじゃないか」と言ったんだ。私の同行者はそれは大喜びだったよ。

　もちろん、塩川さんの言葉はうれしかったけれど、運輸省はとてもそんな雰囲気じゃないのはわかっていた。陳情が終わったら案の定その局長が私のところに飛んできて、「いや困りました。どう考えても今のところ駅はだめです。そうしないと(役所としての)理屈が立たない」の一点張り。

　そこで、「いったん、運輸相や実力者が集まった席で『水沢の駅はだめです』と言ってしまうと、もう当分は方針転換できなくなるんでしょうねえ」と聞くと、返事は「その通りです」だって。つまり会合を開くと、塩川さんの提案が裏目に出てしまうことになる。

ちょうど内閣改造がうわさされていた時期だったので、「申し訳ないが日程が合わない」ということにして、会合を開かせないまま宙に浮かせちゃった。塩川さんには申し訳なかったけれどね。

下手に回答を迫っちゃいけないケースって多いんだよ。それをうまくやれば、いざできそうとなった時には応援してくれるしね。


その後、水沢の新駅は花巻の新駅と同時の八五年開業が決まった。


決まってから問題だったのは地元が負担する経費と駅の名前。負担をなんとか少なくしたいというんで、国鉄の理事あたりを相手に一生懸命に値切ったよ。「あんな広いプラットホームはいらない」と言って狭くして、代わりに安全のためのさくをつけたりね。

電子関係でずいぶんお金がかかる、と国鉄が言うのを「花巻と二つ一緒だから安くしてよ」と頭を下げた。たぶん全部で一〇億円くらいは削ったと思うよ。

名前は水沢の人が「新水沢駅」にこだわってね。市議が大勢やってきて、「新水沢駅」にする陳情に参加しろ、と迫られたりもしたよ。

だけど、私は「将来は広域で物事を進めなければいけなくなるのに、水沢と江刺がけんかして、一〇〇年仲直りできないとなったらどうするの」と反論した。そうしたら、椎名派の人まで「もう、あんたを支持しない」なんて怒っちゃってね。結局、「水沢江刺駅」に決まったけど。

新駅問題は、水沢の人の多くが、おやじが決めたものと思っているでしょう。それはそれでいいんだ。でも、客観的に言えば、おやじの代の「決定」というのは空約束に近いものだったと思うね。

10　安・竹・宮――〝安倍首相〟かなわず

中曽根首相の後継を竹下登幹事長、安倍晋太郎総務会長、宮沢喜一蔵相で争った時は安倍さんを推していた。二階堂（進・元自民党副総裁）さんを「安倍支持」に変えれば、竹下さんと数の上でいい勝負になったんだよ。それで二階堂さんの「励ます会」が憲政記念館で開かれた時に、司会を引き受けたりもした。

二階堂さんの自宅まで押しかけて行って、夜にくどいたんだよ。「このまま行ったら竹下になりますよ。安倍をやったらどうですか」と説得したら、二階堂さんも最後には「いいよ、分かった」と言ってくれた。二階堂さんは副総裁時代に国際問題担当というような気持ちでいたから、訪米するときにお供をしたりしたことがあった。山下元利さん（元防衛長官）も同じだったけど、ずるいところがない人だったね。

竹下氏と二階堂氏はともに田中角栄元首相が率いた田中派に所属していたが、竹下氏が「経世会」を作って独立すると激しく対立した。

竹下登氏らと首相の座を争った安倍晋太郎氏

良かったと思って、安倍さんの自宅に行った。ちょうどその日は安倍さんが竹下さんと長時間会談をした日だったね。応接間に入ったら、二人の安倍派の議員がいたんで、「ちょっといいですか」と安倍さんを誘って、別室に移った。そこで「あなたが頑張れば二階堂さんはこっちに来ますよ。それだけのことをしてきた」と伝えた。

そうしたら、安倍さんは竹下さんとの会談の話を始めて、「彼は『おれを今度首相にしてもらわないともたない』と、それしか言わないんだ」と言う。そんなの理屈にもならないのに、安倍さんはくたくたと腰くだけになって(中曽根首相の)裁定に預けちゃった。がっかりしたな。

竹下氏と安倍氏は互いを「竹ちゃん」「安倍ちゃん」と呼び合う親しい間柄で知られた。竹下、安倍、宮沢の三氏は選挙による決着に向け準備を進める一方で、一本化の話し合いを続ける和戦両様の姿勢を取った。結局三氏の求めで裁定を預けられた中曽根首相は竹下氏を後継に指名した。

竹下内閣ができてしばらくしてから、藤尾正行（元文相）さんと会った時に「安倍さんは（才能はあるのに優勝できなかった）大相撲の北尾みたいだ。勝負は勝たなければ意味がないのに」と話した。そうしたら、藤尾先生は「北尾より悪いよ。北尾は少なくとも横綱になったもんな」と言っていた。

北尾は二二歳一一か月の若さで角界の頂点を極めた第六〇代横綱「双羽黒」の大関までのしこ名。早くから才能を嘱望されたが、部屋から失跡するなどのトラブルを起こし、一度も優勝することがないまま廃業した。一九八七年一一月に竹下内閣が成立してから約二か月後のことだった。

竹下さんも面白い人だった。中曽根内閣の蔵相の時だ。政府予算案の内示が出た後だと思うけど、竹下さんが突然議員会館の部屋に入ってきた。「いいですか、座っても」なんて言ってね。

ある人が先に来ていたんだけど、出ていってもらった。

何か用事があるのかなと思ったら、昔話をしたりして、なんてことはない話をして帰っちゃった。人心掌握術だったんだろう。ああいうことにみんな感激したんだろうな。人に押しつけず、しかし、その人がやろう、という気にさせる人だったね。

11　幻の総裁選出馬——江副氏から会費発覚で辞退

竹下さんが首相を退陣したとき、後継は伊東正義（自民党総務会長）さんしかいないと思った。政治改革などでご一緒して、ものすごくまじめで、立派な方だと思っていたし、あの状況ではとにかく伊東さんしかいなかった。

ほかの人よりいい首相になると考えた。問題は本人が「よしやるか」と、その気になってくれるかどうかだった。

政官財界に未公開株がばらまかれたリクルート事件。竹下首相は八九年、自分の疑惑が明らかになり、退陣した。党内の有力者の多くがリクルート社と献金やパーティー券購入などの形で関係があったため、党内で首相候補に浮上したのが政治改革推進の中心だった伊東氏だった。

しかし、結局、伊東氏は健康問題を理由に首相就任を固辞し、その後、竹下首相らの調整で下馬評にまったく上がっていなかった宇野宗佑外相が浮上した。

党内の三人か四人が勝手に首相を決めるなんて、手続き的におかしいと思ったし、ほかにも藤尾（正行・元文相）先生や亀井静香さん（のちに自民党政調会長）たちが同じ意見だった。実は宇野さんに女性問題があるのも、もう噂になっていたんだ。

そういう議員仲間が秘書も含めて五〇人くらい、国会近くのキャピトル東急ホテルに集まった。「勝つ見込みはないが、だれかに出てもらおうじゃないか」という話になってね。で、藤尾先生に「あなたが腹を固めろ」と言われた。

リクルートと付き合った覚えはなかったけど、「念のためにちょっと調べてよ」とぼくの事務所の職員に指示したんだ。すると、ぼくを支援してく

自民党の会合で、伊東正義氏（左端）と同席する椎名氏（右端）

れていた財界人の集まりに、リクルートの江副(浩正前会長)さんが入っているのがわかったんだ。たしか年会費一年分の五〇万円か六〇万円くらいを払ってくれていたんじゃないかな。

集まり自体は財界の人が善意で作ってくれた会で、ありがたい話だった。でも、結果としてはまっすぐ前を向いて道を歩いていたら、横からバイクが飛び出してきてぶつかったような話だ。

それを藤尾先生たちに報告し、「リクルートとの付き合いを取りざたされているときに、私がやりますなんて話にはなりません。そんなことをすれば、推薦したみなさんが見識がないと非難されてしまう。だから、今回はやめときます」と辞退したよ。それでも亀井さんなんかに「やってください。そんなこと問題にならない」と迫られたけど、やはり断った。

その後、山下元利先生(元防衛長官)がいいんじゃないかという意見が上がった。山下先生も腹のすわった人物。「それじゃあ、ここはひとつ、私が恥をかきましょう」と言ってくれた。

後継総裁決定の舞台は自民党本部での両院議員総会。前日にみんなそれぞれがどう発言するかなんかを打ち合わせた。しかし、当日の朝、集まった仲間は七人くらいだった。みんな派閥からの拘束で出てこられなくなってたんだな。それでもみんなで総会の最前列に座り、何人かで「選挙なしに決めるのはおかしい」と発言したよ。

結局、投票なしで宇野さんに総裁は決まったけど、後でぼくのところにうれしい手紙も結構来たよ。下町の自民党婦人部の幹部を名乗る人は、「党を見放そうと思ったけど、もう一度やろうという気になりました」と書いてくれていたな。

宇野首相就任直後の参院選では、宇野氏の女性スキャンダル、消費税導入への批判などが重なり、自民党は大敗した。宇野氏もすぐさま退陣表明し、海部俊樹氏が首相に就任した。

12　まさかの落選――楽勝ムード、災いに

選挙で何回か当選して、永田町で仕事をしているうちに、国の政治というのは相当無駄をやっているという感じがしたよ。

たとえば、公共事業予算ひとつとっても、予算額は変動しても分野別のシェアはほとんど変わらない。自民党の政調副会長の時にインフォーマルな集まりで、「なんとかシェアを変えられないものか」と提案したら、みんな「とんでもない(ことを言う)」といった反応だった。党職員にまで「先生、それだけは言わない方がいいですよ」と言われたよ。それぞれの予算には族議員が応援団でついていたから、手を出したら大騒ぎになるという意味なんだ。

自民党の部会はコの字型にいすを並べるんだけれど、真ん中は族の偉い人の場所。議員の序列が大事なんで、どこに座るか微妙なんだな。ところが、会場が議員で一杯になっちゃって、うしろの方の席しか空いていないところに実力者が来たりする場合もある。

実力者はそのまま末席に座ろうなんてしませんよ。で、その人がどうするかと思って見ていると、党の職員に声をかけて、コの字の角の狭いところに割ってはいるように席を置かせて座っ

たりするんだよね。不思議な世界だったね。

九〇年、海部俊樹首相は解散に踏み切り、椎名氏は五選を目指した。当時の岩手二区は定数四。自民党からは椎名氏、小沢一郎幹事長(民主党代表)、志賀節環境庁長官の三人が出馬し、社会党の二候補、民社党候補、共産党候補の七人で議席を争った。

五回目の選挙はことに一生懸命やったんだ。あのころは「椎名素夫は地元にちっとも帰って来ない」なんて言われていたから、みっちりやろうと思ってね。選挙前、色紙に私の書を印刷して、会合に来てくれた人に配ったりした。どこの会合に行っても、人がいっぱい来てくれた。色紙だって一万二〇〇〇枚も配ったんだよ。

数十人から一〇〇人という会合が中心で、立ち見が出る会場も多かったし、「そちらで集会をやらせていただきたい」とお願いすると、「ぜひ寄ってください」

衆院議員時代、事務所で地元の陳情を受ける椎名氏

なんて非常に反応がいい。新聞の情勢分析でも小沢さんは断然強いんだが、私もまずまず。志賀さんが当落線上という予想が多かった。

しかしね、「選挙でだいたい評判がいい時は気をつけろ」とだれかに言われたことがあったよ。かつて保利茂さん(元自民党幹事長)が落選した時も、本人には気持ちのいい選挙で、どこに行っても「頑張って」なんて言われていたのに、落ちちゃったというような話を聞いていたんだ。私もあの時は選挙戦中盤くらいまでいい感触だったんだが、投票日の三日くらい前に事務所に行ったら、たくさん人が集まっている。それを見て、「あれっ」と思った。「あと三日、もう一押し頼みます」と頭を下げたら、支持者の一人が「先生、あんまり欲張るもんじゃないよ」と返された。

それを聞いて、「まずい」と思った。選挙というのはマラソンにたとえるなら、トラックに入ってからが勝負なのに、ラストスパートを忘れて活動していないんだから。「これはだめかも」と悪い予感がして、それが当たっちゃった。

選挙の結果、自民党からは小沢氏、志賀氏が当選し、椎名氏は五位で次点に終わった。

落選したことはルールなんだし、しかたないと思った。有権者から当面の日本の政治にはいらない、という結論を出されたわけで、くやしがってみても仕方ない。二、三の雑誌から敗戦の弁を書いてくれ、という依頼があったけど、みな断った。たぶん選挙民が悪いとかそういうことを書かせたかったんじゃないかな。しかし、五万何千かの人は変わらず私の名前を書いてくれたわけで、文句を言う気にはならなかった。

そのころ、結構外国での講演を頼まれた。国会議員の時にはハーバード大学だったり、ニューヨークの外交評議会だったりで、講演を頼まれて引き受けたのに、重要法案で禁足がかかってドタキャンになることがあったんだ。向こうの連中は「落選したのは残念だけど、今度は暇があるだろう」なんて国会議員でもなくなったのに呼んでもらってね。結構講演で忙しくなったんで、当時は政界から引退することもちょっと考えたね。

13　参院へ転身――改革目指し、無所属に

一九九〇年の衆院選で落選してしばらくは、後のことは何も決めなかった。支持者にあいさつに行っても、「捲土(けんど)重来を期します」と口にしないものだから、陰で「椎名も何を考えているんだか」なんて言われていたみたいだね。

そんな時に高弥建設の望月茂社長(当時)ら地元の経済界の人たちが「参院の岩手選挙区から出たらどうか」と声をかけてくれた。少し考えて「やろう」と決めた。六年の任期をうまく使えば何かできるんじゃないか、と思ったんだ。小沢(一郎)さんが当時自民党の県連会長で、出馬を決めると公認をもらえた。

小沢氏と椎名氏は、互いの父の代から衆院旧岩手二区で争うライバル関係だった。ともに地盤は水沢だったため、「水沢戦争」とも呼ばれた。

当時、小沢さんとは付き合いらしい付き合いはなかった。話もほとんどしなかった。中選挙区時代というのは自民党同士でもライバルだからね。同じ選挙区の議員というのは我々に限らず、話なんかしなかったんじゃないかな。たとえば、知事選とか、みんなで応援するとなっても、自分の手の内を見せないようにやっていたしね。

――父、悦三郎氏の時代から秘書を務めた千葉栄喜氏は話す。「水沢は一軒、一軒『あそこは椎名の支持者だ』『ここは小沢だ』というのが分かってましたね。悦三郎先生が現役だった時、夫人が後援会の集まりにお菓子を持ってきたことがあったんですが、小沢支持派のお店のものだっ

92年の参院選で小沢氏らと並ぶ椎名氏

た。そうしたら支持者に『なんでここから買ってくるんだ』と怒られたのを見たことがあります。我々も小沢派の店には行かない、と徹底してました」。椎名氏は九二年の参院選で岩手選挙区で当選を果たし、国政復帰を果たした。

参院に行ってみると、衆院の下請けだった。衆院で通した法案を参院でも通すんだ、とそればかり一生懸命やっているんだ。でも、とにかく一年間は忠実にやろうと決めて、あれやれ、これやれと幹部に言われた仕事を素直にやった。

ただ、この院に存在意義があるのかな、という気がした。党のしばりは衆院より強いくらいで、非常に硬直した形でしか動いていない。なんとかして構造を変えないといけないと考え始めた。

約一年後の九三年、宮沢内閣の不信任案が可決される。小沢氏らが自民党を離れ、新生党を結党し、武村正義氏(後に官房長官、蔵相)らも新党さきがけを結党した。直後の衆院選で、自民党は過半数を割り、日本新党代表の細川護熙氏を首相とする非自民連立内閣が成立した。椎名氏は衆院解散直後に自民党への離党届を提出し、無所属に転じた。

あのころ、斎藤十朗さん(後に参院議長)が参院自民党の会長で、山本富雄さん(山本一太参院議員の父)が幹事長。お二人のところに行き、「参院を変える必要がある。そのために党を離れようと思っています」と思いをぶつけたら、山本さんも「おれも(改革が必要だと)考えているんだ」というようなことを言った。その言葉がうれしくて、山本さんには「志は同じです。先に出て待ってますから、自民党をなんとか変えてください」と頭を下げた。

そしたら、ちょうど村上正邦さん(労相、後に参院自民党会長)が部屋に入ってきて「なんだ、君は新生党に行くのか」と言うんだ。山本さんが「そんな話じゃねえんだ。(他の離党者と)混同するな」と、ぴしゃり言ってくれたな。

14　二度目の参院選——政党推薦なしで出馬

自民党を一九九三年に離党する時は、何人かの支援者にはあらかじめ相談したけれど、好意的な反応が多くて、あまり非難された覚えはない。あのころはそういう空気だったんだろうね。

無所属になってから参院改革に取り組もうと、超党派の「あるべき参院を考える会」というのを村上正邦さん(元労相)たちと作った。自民党だけじゃなく、社会党や連立与党の議員も入った超党派でね。「無所属なんだから、あなたがやれ」と言われて、座長を務めることになった。

「あるべき参院を考える会」には与野党を問わず、各党の参院幹部らが参加した。当時は衆院に小選挙区制度を導入する政治改革関連法案を巡って、非自民連立与党と自民党が激しく対立していた。

最初はみんな「参院を改革しなきゃだめだ」と言っていたのが、強い動機がないからなのか、そのうち党の話(理屈)が入ってきてしまって、ぐずぐずと(だめに)なった。

無所属になってからも政党からの勧誘はあった。新党さきがけの田中秀征さん(後に経企庁長官)とさきがけの議員が七、八人が集まったところに呼ばれて、「我々と一緒にやってくれないか」と申し込まれたりもしたな。「参院議員は一人ひとりの考えで活動すべきというのが私の考えだ。無所属でやると言ったのだから、それはできない」と答えたけどね。

九四年、細川護煕首相は突然辞任を表明し、羽田孜氏が後継の首相となった。椎名氏は外相候補の一人と噂された。

政党の推薦を受けずに参院選に出馬することを記者会見で表明する椎名氏(1998年3月)

羽田首相に決まった時、自宅に警察が来て「(閣僚を警備する)警察官の詰め所を建てるとすると、どこですかね」なんて聞いてきたよ。「自分の入閣は絶対ないから、と言え」と家族に言ったんだけど、今考えると少し残念だったな。参院議員は行政府に身を置くべきではないと思っていたから、もし打診されたらカッコよく断ってやったのに。

その羽田さんが退陣した後の後継首班では、社会党の村山(富市)さんと自民党を離党した海部(俊樹)さんの対決となった。私は院での指名選挙で、「海部」と書いた。海部さんはとにかく昔から知っている人だったからね。そうしたら、しばらくして海部さんは「友情に感謝します」なんて手紙を送ってきた。

九八年の参院選を迎えるにあたり、椎名氏は前年の九七年、無所属・新進党推薦で再選を目指すと表明した。しかし、その年の暮れ、新進党は党内対立などから解党し、自由党や新党友愛などに割れてしまった。結局、椎名氏はどこの政党の推薦も受けず、無所属で立候補した。

あのときの選挙は、そもそも無所属で活動していたんだし、参院のあるべき姿を考えれば、政党の推薦は受けるべきではなかった。でも、一度は新進党の推薦をもらって選挙に出ようと思っちゃった。「どうしてだ」と言われても、気の迷いだったとしか答えようがない。

推薦をもらった後、新進党がなくなって、話は振り出しに戻ったと思っていたところに、自由党の関係者から「もう一度(推薦に関する)書類を交換したい」と事務レベルで言ってこられたときは愉快でなかったね。

陣営内には「(自民党か自由党の)どちらかに入らないと選挙にならない」という意見もあったけれど、最後は「政党の推薦はもらわずにやります」と表明した。ただ、当時の自由党の人からすると、(一度は新進党の推薦を受けた)私にだまされたと思ったかもしれない。政治は難しいよね。

15　参議院クラブ——交付金目当てと批判も

一九九八年の参院選は、一番気持ちのいい選挙だった。よく選挙事務所に張られている「祈必勝」なんて紙は一切なし。それまでの習慣で広い事務所を借りちゃったものだから、事務所に人が少なく見えてね。組織がないから、一日四〇か所くらい街頭演説をこなしましたよ。

みんなボランティアでね。そういう人たちをまとめてくれたのが、後援会長の紀室正規さん(豊島建設会長)だった。投票日の数日前、雨の県庁前で演説をやった時は、三五〇〇人か四〇〇〇人くらい集まってくれたんだ。政党の推薦をもらわなかったので、その時の応援弁士は知人の佐々淳行さん(元内閣安全保障室長)と県議くらいだったな。私なんて当選させても何の得にもならないのに、投票してくれた岩手の人に感謝したね。

参院岩手選挙区に無所属で出馬した椎名氏は、自民党などが推薦した中村力氏らを破り、再選を果たした。全国では橋本竜太郎首相率いる自民党が大敗し、総裁選の末、小渕恵三氏が首相の座に就いた。椎名氏は参院選後に堂本暁子氏（現千葉県知事）、田名部匡省氏、松岡満寿男氏、水野誠一氏と五人でと新党「参議院クラブ」をつくり、代表を務めた。その後、粟屋敏信氏、渡部恒三氏（元衆院副議長）、中田宏氏（現横浜市長）ら衆院議員も加わり、「無所属の会」に発展した。しかし、政党交付金を受け取れない無所属議員が政策の一致もないまま集まった、との批判も強かった。

参議院クラブを作ったのは、一つはお金のためで、もう一つが発言力の確保のためだった。無所属議員でも集まれば、本会議で代表質問もできた

参院選終盤、雨の中県庁前で行った街頭演説には多くの支持者が集まった（1998年）

し、委員会でも発言の場が広がるからさ。

政党助成は、総額を決めて党所属議員の人数で割る、という仕組みだから、無所属の議員はもらえないわけ。それで「我々が受け取るべき分を既成政党に寄付しているのと同じじゃないか。法律が悪いんだから、党を作った方がいい」と主に私がみんなに話して賛同を得た。

党を旗揚げするとなると、事務的に最低限のものが必要なので、一人事務員を雇って(国会近くの)ワンルームマンションを借りた。

それから、だれかが「政党なんだから基本政策を作ろうじゃないか」と言い出した。みんな、内心では「基本政策もない寄り合い所帯では、金のためのグループと批判されてしまう」と気にしていたんだね。

しかし、基本政策なんかこしらえても、批判されるのは同じだから、私は割り切ったよ。「それを言ったら、ほかの政党と同じになっちゃう。『基本政策がない政党が参院にある』というところに意味があるんだ」と反論し、結局、基本政策はやめになった。

だいたい所属議員が一〇〇人を超す政党だって、議員がみな同じ政策を言っているわけじゃなかったんだから、五、六人のところだけ批判するなという思いだった。本来、助成は議員一人ひとりにするべきなんだ。みんな法改正が面倒くさいから放っておくけど、手をつけるべきだと思うよ。

16　政界引退――世代交代必要と決断

政界引退を決めたのは、やはりまずは年。自分のエネルギーという意味でも、何かやろうかと考えつきながら「やはり、あしたにしようかな」というような気分が強くなってきた。そうなると、気持ちがあってもどうともならない。「まだやれるでしょう」という人も周りにはいたがね。

灘尾弘吉さん(元衆院議長)に「始めるときは人に相談しろ。辞めるのを決めるときは一人で考えるよりない」と教わったんだ。だから、引退については後援会にも相談しなかった。

椎名氏は参院議員二期目の任期満了半年前の二〇〇三年一一月、水沢市で記者会見を開き、「気力体力の衰えもある。次の任期が終われば八〇歳。みなさんのお荷物になりはしないかと考えた」と話し、引退を明らかにした。

それに一つには世代交代が必要と思ったんだ。どんな仕事もしながら覚えるという面がある。いつまでも古い人たちがいると、経験なしで表舞台に立たざるを得なくなる。そうなると物事を動かす、運ぶにも、経験、技術が全然ないとなっちゃう。岩手でも、自分がいるがためにどこか詰まっちゃっていると思った。

政界にも元気な人が出てきたよね。安倍晋三さん(官房長官)とかね。彼と深く話はしていないけれど、彼の行動や発言を見て、こういう政治家が出てくればもう言うことないな、と思った。外交なんかによく表れているけど、ことに国の政治をやる人にとって何より大事なのはぶれないことだ。ただ、彼を周りの世代が助ける体制を作れるかな。

椎名氏は二〇〇三年七月の参院議員の任期を終え、引退した。二二年余の議員生活の間、一〇年以上与党の議員を経験したにもかかわらず、閣僚、政務次官、国会の委員長のいずれにも就任しなかったというのは異例の経歴。同月の参院選で、椎名氏は高橋洋介氏（無所属＝自民、公明、無所属の会推薦）を推したが、高橋氏は民主党公認の主浜了氏に敗れた。

私自身は（政治的に）大きな傷を負わないで、おしまいまで来られたのは運が良かった。負けてしまうと、言っていること自体完全に否定されたとなっちゃうからね。

本当はぽんと、私は辞めます、だけで良かった。でも、周りに「あとはどうするんだ」と言われ、私がこの人なら（参院議員として）いいんじゃないか、と推した高橋さんが残念な結果になってしまった。自分の選挙に近い形で応援したつもりだったんだけど。

選挙をやると、一生会うことのなかったであろう人たちと会えるんだよね。出会った人に言われた片言隻句が心のどこかに残っているんだ。そうした言葉があるから、外国の要人と話した時も、「日本人というのは……」と自信を持って話せる。

相手を説得するのに肝心なのはテクニックより自信なんだ。おれは日本をよく知っているといった自信がないと、相手から「おまえの国の首相はこう言っただろう」なんて理屈をぶつけられた時、それに引っ張られちゃう。

今の日本の外交の弱さはそのあたりにあるんじゃないのかな。

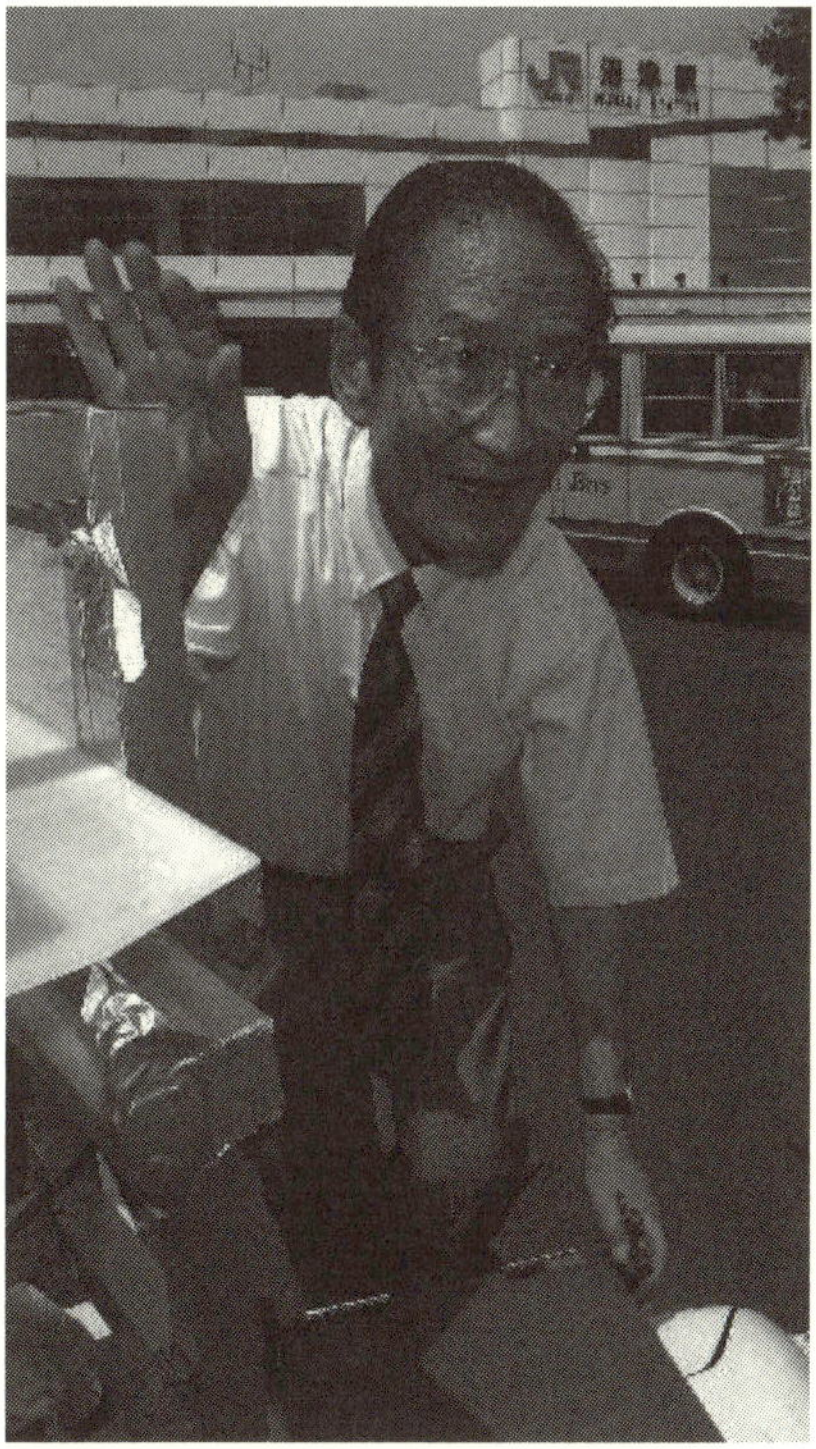

無所属の会代表として応援に全国を回った

17 新たな国の設計図を

電化製品を買うと、電気屋さんが最初は修理をしてくれるけど、ある期間を過ぎると故障部品の数が増えるから、修理はあきらめて買い替えた方がいい、という時期が来るでしょ。日本も同じような時期に来ていると思う。

江戸から明治に変わるときは、日本人はすべて自分たちで国の設計図を書いたでしょ。ところが第二の大改革である終戦後は、人からこれを使え、と言って受け取った設計図をそのまま使っている。しかし、いろんなところが壊れて、劣化してきた。もう一度自分自身で設計図を書き直さなければいけない。たとえば、皇室の問題もその一つだ。

第二の大改革というのは実は与えられたもので、それを直すことが宿題であったことすら忘れてしまっていた、ということを改めて認識することが第一歩だよ。

憲法改正論議がタブーじゃなくなったというのは一歩前進という人もいる。でも、国家の基礎理念に関する総合的な議論をいい加減にして、他国の人が書いた現行憲法の条文を手直しするという域を出ないという有り様ではどうしようもない。それでは全体の設計図をなおざりにして、部品の修理をやっているようなものだ。

本気で国の将来を考えるなら、我々日本人は自分の国をどういう国にしたいのか、世界でどういう地位を占めたいのか、そのために国家経営をどういう形にするのか、基本問題を自力で考える努力が必要だよね。特に選挙の時はその凝縮した議論があるべきだと思う。しかし、昨年の衆院選を見ても、そんな話は全然出ていない。「改革」も結構だけど、もっとも大切な根本問題を棚上げしたままで、いったい何を変えようと言うのかね。

第三章　父・悦三郎氏と

1　満州で過ごした少年時代

生まれは東京の文京区。でも、記憶があるのは一家で満州（現中国東北部）に行ってからだね。

一九三〇年に生まれた椎名素夫氏は三歳の時、商工省から満州国政府に転出した父・悦三郎氏とともに海を渡った。

当時、向こうの人が馬車に人を乗せる商売をしていた。メーターなんてなくても、なんとなく相場があったんだ。ところが、三六年ころになると、けちなお金しか渡さない横柄で威張った日本人が増えた。馬車の人が文句を言うと、相手にしないで行っちゃうのもしばしば。子どもながら、嫌な感じがしたね。

五年も暮らしたのにあそこには土地の友達がいないんだ。暖房用のでっかいボイラーに石炭を投げ込むおじさんが家に住み込みでいて、その人から食べたこともないようなお菓子をも

満州（現中国東北部）の小学校に入学したころ
兄姉とともに（中央が素夫氏）

らったりしたのが唯一の交流だ。小学校は満鉄が経営していて、先生も生徒も日本人だけ。

うちのまわりも日本人ばかりだったな。商売をやるために早くから根付いた人たちも、理想の満州国を作ろうという人たちもいた。うちには満州国の官吏や満鉄の人たちが夜になるとやってきて、勝手に上がって酒を飲んで遅くまで話していた。おやじなんかいなくても、目を輝かせていい国を作ろうと議論していたのを覚えている。兵隊さんもうちに来たことがあって、軍服を着替えて近くのスケート場でナンパしに行ったりもしていたね。ただ、満州の人、中国人、朝鮮人をバカにするような連中もいた。いろんな人がいたね。

向こうでもおやじには会わなかったね。学校に出かけるときは寝ていたし、帰ってくるのは我々が寝てからだ。ただ、おふくろと一緒に夜出かけたりしたことはあったね。時差の関係でまだ明るいうちなんだけど、「もう夜でしょ。早く寝なさい」なんて言われて、カーテンを閉められて子ども部屋に押し込められたね。

私はマージャンをやらない。おやじは以前やっていたけど、満州にいた時にやめちゃったらしい。向こうの人は上手で、勝ったり負けたりしながら最後に負けるんだって。「これはわいろになるから」と思ったとおやじは言っていたね。

小学校三年から東京に戻ってきて編入した。私が編入した小学校は名門の府立一中に一番多く入っていた学校だった。母は言わなかったから分からないけど、一学年下に入れとか隣の学校に行ったらどうか、と言われたようで、でも頑張って入れたようだね。

満州の時、通っていた小学校は半紙でも画用紙でも一枚ずつくれる。ノートも使い切ると、またくれた。だから、図工の時は何も持って行かなくてもよかった。無駄にしないように、という教育効果も考えたんだろうね。ところが東京の学校はみんなそういうものを持ってくる。それで「忘れた」なんて言われて、不愉快だったね。精神的にも追い込まれた。教師もそういう風に言うのを放置したしさ。ところが一学期が終わるときに試験をやったら一番になった。そしたらみんなコロッと変わっちゃって、二学期には級長にはなるし、みんなもバカにしなくなった。

2　九死に一生を得た中学時代

中学に入る時は、先生もちゃんと考えてくれて、「一中は競争させるところだからおたくの坊ちゃんには合わないんじゃないか」と言われてね。七年制の府立中学(のちに府立高校)を薦めてくれたんで、そっちに行った。

空襲で友だちが何人か死んだ。ずいぶん多くの友だちが疎開したのが家で話題になったことがあったんだが、おやじは「うちはそういうわけにはいかない。天皇様がここにいる間は」と言ったのが印象に残っているな。おやじは昭和天皇のことを非常に尊敬していたし、一緒に働かせて頂いている、という感じが強かった。

だいぶ後の話だけど、通産相かなにかをしていた時に「台風が近づいてきたときに日本に来てから離れるまで、すべてを心配なさるのは天皇陛下だけじゃないか」と話していたことがあった。「おれたちは(地元以外の)よそに行けば寝ちゃうもの」とね。外相の時も報告に行くと、「あちらはどうか」と的確なご下問があった、と言っていた。

私が危なかったのは、仕事で三重県の津に行く祖父に同行したときだ。海のそばの宿屋に荷を降ろしたら空襲警報が鳴った。ところが宿の人は「防空壕がありますけど、入る必要はありませんよ。敵機はここから名古屋や浜松に行きますから」。そうかと思って、そのまま座敷に座っていた。

しかし、空をのぞいていると、編隊の中の一機がこっちに迫ってきた。とうとうパイロットの顔が見えるくらいまで近寄ってきたので、これはまずいと思い、目と耳をふさいで座敷に伏せた。

そして爆弾が投下され、空気を裂きながら自分に近付いてきたのが音で分かった。クーラーのなかったころの地下鉄の音というのかな、トンネルの中の電車の音というのかな、そういう音がだんだん大きくなってくる。ずいぶん長く感じたよ。落ちた瞬間は目の前で火の玉が出たような気がした。そして宿の屋根が全部すっとんでいた。柱もなかった。

見たら、一五メートルくらい先に爆弾が落ちた跡だ。で、そのすぐ脇に石垣があった。下の方は、その石垣が爆風を防いでくれて、屋根だけ飛ばしたんだね。爆弾を落とすのがコンマ数秒遅かったら直撃して、間違いなくだめだったろうね。

それから半年か一年くらいは、電車がトンネルに入ると、ぞっとしたものだ。あす死ぬかも知れない、何か起こるかもしれないという人生観は、それから今に至るまで持ち続けているよ。

3　軍事教練を級友とさぼる

府立高校では外交評論家の岡崎久彦君らと同級生だった。リベラルな雰囲気の学校だった。

――府立高校は七年制で、現在の都立大学付属高校。岡崎氏は素夫氏の当時の印象を「落ち着いて、淡々、ひょうひょうとしていた」と話す。思い出に残っているのが終戦直後に学校で上演した劇。「椎名君は老人の役をやったんだが、それが非常に似合っていた。先輩と一緒にいることが多くて、ぼくらには『ずるいようだけど、先輩と付き合う方がおもしろい』なんて言っていた」。

戦時中だから、軍事教練があった。校庭を走り、ほふく前進をやらされた。面白くない軍人がいてね。尋常科の二年の時だったか、級長だったぼくの号令で軍事教練を全員で休んだことがある。でも、つまらない罰を被るのはごめんでしょ。そこで「規則に従えばいいんだよ」なんてみんなに言って、それぞれ熱を出したり、腹が痛いとかいうことにして、親から判子をもらって事前に届け出た。

あんな時代だったけど、一人も抜け落ちずに全員さぼったよ。時間になってもだれも出て行かないから、その軍人が怒ってね。さすがに担任の先生が慌ててたな。呼び出されましたよ。首謀者だとにらまれ、「なぜこんなことをやったんだ」と聞かれた。けれど、「今日の教練はみんな休んだんですってね。知りませんでした」ととぼけてみせた。そのうちうやむやになっちゃったね。

父、悦三郎氏は商工省次官、軍需省次官など政府の高官を歴任した後、四七年、ＧＨＱ（連合国軍総司令部）の指令で公職追放になった。

高校在学中に同級生たちと（左から２人目が椎名氏）

小さいころ、おやじに肩車してもらった記憶さえないんだよ。とにかくほとんど顔を合わせなかった。朝こっちが学校に行く時はおやじは寝ているし、夜はこっちが寝た後に帰ってきた。

話すようになったのは、戦後、一五歳くらいからだよ。当時は学校でも校長がそれまでの教育方針なんかを巡って、学生につるし上げられたりしていた。そういうのに同調する気にはなれなかったけどね。ただ、そのころ聞いたことがあるんだよ。「本当に米国に勝てると思ってたのか」って。何しろおやじと顔を合わせてないから、コンプレックスがなかったんだな。遠慮なしに聞いた。

おやじは「馬鹿なこと聞くな」という風ではなかったけど、「実は負けると思っていた」とも言わなかった。ただ、やってきた仕事には誇りは持っているようで、「やれることは全部やった」

というようなことを言っていたね。

軍需省は陸海軍の軍需物資の調達を一元化するというふれこみで新設されたが、陸軍と海軍の激しい縄張り争いの中で大きな役割を果たせなかったという。

そのころ、自宅にアメリカの海軍の将校が出入りするようになった。向こうも礼儀正しかったけど、おやじもにこにこと応対していたな。

追放された後、浪人中のおやじのために、まわりの人が銀座に事務所を作ってくれて、おやじもそこにはよく通った。そのうち、会社の社長を頼まれて、引き受けたが、うまくいかず苦労したようだ。まあ、そこで官僚のアカを落とした、とも言えるけれどね。

4　終戦　ひとりで皇居前広場へ

終戦の直前まで、東横線で学校に通っていた。今で言えば中学三年生だったが、戦況不利の感じは伝わってきた。それでも、戦争に勝つのは無理にしても、負けるとはどういうことなのか見当もつかない、というのが当時の感覚だった。

玉音放送を聞いたのは学校だった。ほかに同級生や先生もいたはずだが、不思議に彼らと話した記憶はない。

もう一押し自分で納得したいという気持ちからだと思うけど、一人で皇居前広場に行った。たくさん人がいて、正座している人が多かった。でも、みんな押し黙っていたね。

あとで、虚子門下の俳人でもあった祖父が「秋灯を明るくせよとみことのり」と詠んだのを見て、ああ、こういうことだったのだと思った。当時の空気の中で、天皇陛下がポンと穴を開けた。だから、あれだけいきり立っていた軍隊も従っちゃった。天皇陛下のありがたさを実感するのは一〇〇年、二〇〇年に一度と言った人がいたけど、まさにそういう感じだね。

昭和天皇が亡くなられた後に行われた殯宮祇候（ひんきゅうしこう）の時に終戦の日の記憶がよみがえった。

殯宮祇候はお通夜にあたる行事。昭和天皇崩御の際には、約一か月にわたって行われた。

終戦の皇居前広場

宮中の部屋に通されて、固いいすに座って、二時間くらいじっと座っているんです。官民いろいろまざって、一回あたり十数人くらいかな。とにかく暗くて、これから何をします、とも言わないで、入って座ると、ドアがきちっと閉まって、とにかく座っていた。向こうの方がちょっとぼーっと明るくなって、御簾みたいなのがあって、棺があったのかな。座りながら、終戦の日のことを思い出したんだ。

天皇制のあり方を有識者懇談会が議論して、政府も法案にして出そうとしていた。しかし、中身より以前に天皇制を普通の法律扱いにしちゃいけないと思うよ。なにか工夫をして、憲法に準ずるような重みを持つ決め方が必要だね。国会で多数決で決めるような話じゃない。

首相の私的諮問機関「皇室典範に関する有識者会議」は二〇〇五年一一月、女性天皇と、その子・孫(女系)の天皇即位を容認する報告書をまとめた。

政権を取った政党がちょっと勝ったら改正できちゃうようなやり方では、国民が天皇を尊敬する気持ちになれないよ。君主制というのはいらない、となったらおしまいになる話で、一度なくしたら、またやり直すとはならないよ。

5　大学時代――極秘文書を取り返す

物理が面白くてね、都立高校の高等科に進む時に理系を選択した。黙って行くのも悪いか、と思って、おやじに話すと、「それは自然科学だよな」なんて言って、えらく喜んだ。

戦前、おやじが農商務省に入る時、おじの後藤新平に報告に行ったら、「ちょっと待て、入省を一年待ってもらえ。君は役人になると人と人との調整をやることになる。だいたい法律の仕事というのは調整だ。しかし、もっと奥に行けばものと人との付き合いだ。自然科学を知らないで、法律だけいじるのではただの調整屋になるぞ。北里研究所にでも口をきいてやるから、一年くらい自然科学を勉強してきたらどうだ」と言われたらしいんだ。

素夫氏の父、悦三郎氏は、東京市長、外相、内相などを務めた後藤新平の姉の養子だった。

おやじはびっくりして、養母のところに相談に行った。養母は「せっかく入れてもらったんだから(新平のことは)気にしないで入りなさい」と言ったんで、結局そのまま役人になったんだ。しかし、赴任先の満州(現中国東北部)では、実際に自然科学の知識が必要になったそうだ。それで私が理系の道を進むのがうれしかったようだね。

一九五〇年、素夫氏は名古屋大学理学部物理学科に入学する。

名古屋大を選んだのは、原子核や素粒子、宇宙線といった特色のある分野で基礎中の基礎の分野にめざましい人がたくさんいたからだ。同期で入学したのが一八人くらい。さあ、英語やドイツ語で書かれていた物理の定番の本を読もうかなと思っていたら、そのうち一〇人くらいから「もう、そんな本はとっくに読み終わっている」と言われてね。

（ノーベル物理学賞を受賞した）朝永振一郎先生が講義に来たことがあったんだけど、そんなやつらはノートも取らず、なんか落語の名人芸を楽しむみたいに朝永先生の話聞いているんだよ。そうなると、こっちもノートを取れないもの。大変だったよ。研究で食っていこうなんて気持ちは、そこでくじけたね。

大学では、なぜか自治会の副委員長になっちゃった。仲間には当時の過激な共産主義運動

素夫氏（左）が理系へ進むことを話すと、父・悦三郎氏は喜んだ

に身を入れていた連中が多かったんだけど、ある日、自治会室をのぞくと、真っ青な顔をした一人をみんなでつるし上げていた。「こいつが重要なものを飲み屋に忘れてきた」と言うんだ。「そんなに騒ぐところを見ると、『球根栽培法』か」と聞いたら、「そうだ」との答えだ。「球根栽培法」は火炎瓶の作り方とか投げ方を書いた極秘文書。表紙を見られてもいいように、そういう名前にしたんだろうね。それがよりによって警察署に届いている、というんだ。

五二年八月一三日の読売新聞夕刊には、この冊子を配布した男が破壊活動防止法で摘発されたことが報じられている。

「私が代わりに行ってやろうか」と言ったんだ。彼らは分かっていなかったけど、警察だって役所だから、縦割りになっていて、遺失物処理係がほかの課に連絡したりはしないだろう、と思った。それで、落としたってやつに、カバンの色や中身は何が入っているのか、事細かに話させた。そこで間違ったらまずいからね。落としたやつは「小林多喜二の『蟹工船』が入っている。それから物理の教科書が一、二冊」なんて具合に説明した。

それで警察に行って「カバンを落としちゃったんです。黒いやつで」と話したら、職員が出てきて、「これですか」とカバンを持ってきてくれた。「そうだと思いますけど、一応中を見てください」と言って、中身をこれこれだと説明したら、すぐに返してくれたよ。それから彼らは私に頭が上がらなくなった。

彼らはよく人類愛とか博愛と言うけど、これはだめだな、と思っていた。だって、当時は結核の人が多かったけど、彼らが苦しそうにしていても「カバン持とうか」なんてやつはいなかったから。そのころには、マルクスの本も読む必要はないと思うようになったな。

6　電源開発時代――米で研修、ピアノ演奏も

大学卒業後、おやじ(悦三郎氏)が衆院選に出て、それを手伝ったりしていたが、一九五五年に電源開発に入社した。配属は原子力室。五九年には研修で一年間アメリカのアルゴンヌ国立研究所に行き、シカゴの郊外で暮らした。

電源開発は電力不足解消を目的に発電所開発などを行うため、五二年に設立された。

シカゴの郊外に住んでいた時、パンアメリカの体育大会があったんだ。その選手たちが我々の住む町にもやってきた。その歓迎会を開こうとなった。研修の合間にピアノを弾いていたのを見ていた知人からパーティーでピアノを弾くよう頼まれた。ピアノは家にあったので、中学生のころから勝手に弾いていたんだ。戦争が終わってから、教師をつけてもらってしばらく習ったりもした。ついでに、大学に行くときにはピアノ持って行くわけにはいかないから、と思ってバイオリンを始めた。こっちはうまくならなかった。

ピアノをはじめ、楽器演奏が学生時代からの趣味(右端が椎名氏)

話をアメリカ時代に戻すと、ピアノなんて演奏しても誰も聴いちゃいないんだ。すると、中高年のアメリカ人夫婦がやってきてね、「われわれアメリカ人はこれだからいけない。せっかく、こんなにいい演奏しているのに」と言うんだ。でも、やっぱりパーティーだからね、みんな話に夢中さ。「まあ、どこでもそんなものですよ」と話したけれど、それがきっかけでこの夫婦と仲良くなれた。

あとから妻が来たので一軒家を借りていたんだが、建物も設備も古い割に家賃が高かった。それを見かねたその夫婦が「うちに招待するから、一緒に住まないか」と言ってくれて。一緒に住むと妻とも一日中英語を話さなければいけなくなるな、とちょっと迷ったんだけど、結局食費や電話代折半という条件で同居させてもらった。家賃はただだったね。

英語はあまり苦労しなかった。物理をやるには英語で本が読めないといけないから、勉強していたしね。研究社の「科学的英会話独習法」という本があった。本に出てくる会話を間髪入れずに話せるようにしろ、と書いてあったんで友達と練習したんだ。それで話せるようになった。政界に入る前から、ワシントンなんかで何度も英語で講演したけど、いつもその本の方式でやったんだ。

それとね、アルゴンヌ研究所に行った時に、英語で講義を受けたんだけど、事前に読んでいた本が教科書だったんだ。そしたら先生が数式のプラスとマイナスと間違えて板書したんだ。それに気づいて、「先生、間違っているよ」と話したら、相手が「悪かった」と謝ってね。そんなこともあって、こちらも英語コンプレックスなんてなかったね。

7　経済界の大物と

電源開発の初代総裁は高崎達之助さんという方。電源開発に入社したのも、高崎さんに原子力をやったらどうか、と勧められて面接を受けにいったんだ。おやじが私の話をしたんでしょうね。でも、面接官が質問するより、こっちがいろいろ質問したものだから、相手はあきれたようだね。

高崎達之助氏は満州重工業総裁、電源開発総裁を務めた後、一時公職追放となった。しかし、政界入りし、鳩山内閣で経済審議庁長官、第二次岸内閣では通産相として活躍した。

電源開発で昼間働いていると、秘書室から電話が来ることがあった。「明朝、朝食を差し上げたいのでお越しいただけないか」なんて言ってくる。八時ごろ信濃町にあるお宅に行くと、待合室みたいなところがあって、何人か待っているのに、「お待ちしていました」なんて先に広い縁側のある朝食を食べる場所に通される。当時は二四歳か二五歳だったのにね。

そこで高崎さんは、最近世の中はどう動いているんだ、というようなことを聞いてくるんだ。トーストを奥さんが焼いてくださって、たいがい一時間くらい話したね。五回か六回はやったと思うよ。あの人は人に何かを教えてやろう、というところはなかったね。これから先、世の中はどっちに進むのかを考えている人だった。

首相官邸で開かれた会合に出席する高崎達之助氏（中央）

結婚するときは仲人をしてくれる予定だったんだけど、急にソ連に行かなければいけなくなって、代わりに常務が仲人をやってくれた。

電源開発はずいぶん楽しかったが、当時仕事もそれほどないのに、「原子力屋」がどんどん増えていった。やることがないものだから、先輩たちと読書会をやろう、となって原子力の勉強をしていた。原書しかないからロシア語でもイタリア語でも基礎だけ人に教えてもらった後、読んだよ。やる気になればできるんだよ、そのくらいのことは。

それで会社を辞めて、福本邦雄さんがやっていた企業のイメージ作りを企画する会社に三年くらい勤め、その後、計測機器をつくる「サムタク」という会社を六三年に興した。

福本邦雄氏は、悦三郎氏の秘書を務めた経験もある。竹下登元首相ら政界有力者や経済界の大物との関係が深く、「政界のフィクサー」と呼ばれた。

なぜ起業したのか、と聞かれてもカンという以外にないね。計測機器というのはあのころ隙間産業でね、大きな会社がやるほどではないが、それがないと大きな仕事もできないという分野だった。

大会社に買収されないために、特定企業との売り上げを一定割合以上にならない経営方針を打ち出したんだ。大口契約を取ってきた営業の社員がそれに怒って、辞めたこともあった。

新入社員の採用や銀行からの借金で苦労したり、割と早い時期に週休二日制を導入したりと、いろいろあった。軌道に乗るまで一〇年くらいかかったな。

8　門前の小僧――父の外相就任を後押し

おやじが初めての選挙に出た時から手伝った。まだ二二か二三歳だったけど、当時は立会演説会なんかもあったから、代理でよく演説したよ。「門前の小僧習わぬ経を読む」ってことわざがあるでしょ。門前の小僧だったんだ、私は。

父・悦三郎氏は一九五一年、公職追放が解除となり、五三年に衆院旧岩手二区から立候補したが、落選。五五年の衆院選で初当選を果たした。その後官房長官、通産相に相次いで起用され、六四年には第三次池田改造内閣で外相となる。

外相になるとき、一騒動あったんだ。朝、官邸から電話があって、就任を要請されたのに、おやじは予想外のポストに「ふざけるな。バカにするな」と怒って、個人事務所に座り込んじゃった。まわりが説得にあたったんだけど、本人は動かない。

夕方近くだったかな、知り合いの新聞記者から電話がかかってきて、「外相の声がかかっているが、受けないでいる。君、どう思う」と聞かれた。「そういう人事を考えた人がいるなら、(外相を)やっておけばいい」と答えたら、「息子のあなたの話なら椎名さんも聞くかも知れないから、言ってくれないか」と言われちゃったね。

それでおやじに「ドゴールに会ったりするのもいいんじゃないか」と言ったよ。それがよかったか知らないけど、しばらくしたら本人も官邸に出かけていった。


悦三郎氏は現在の経済産業省にあたる商工省出身だったが、外交関係には疎いと見られ、外相就任は意外感を持って受けとめられた。悦三郎氏は続く佐藤内閣でも外相に留任する。


新橋や赤坂あたりのおやじと付き合いのあった芸者さんたちは、みんながみんな、「椎名さんが外相なんて不適任」と笑っていた。それでも、日韓基本条約締結という大仕事をやり遂げちゃうんだから、不思議だ。大づかみのことには大変興味があって、しかも突進すべき時には突進する人だった。細かい話は部下に任せた、というところがあったね。

六五年に訪韓しての日韓基本条約の仮調印の時には、韓国を朝鮮半島唯一の政府と認めるか、どうかで双方の主張がぶつかり合い、決裂寸前であすは東京に帰るという日に、韓国の外相とさしで話をまとめ、大統領に連絡させせてまとめちゃった。

それで翌朝、佐藤首相に電話したら、国会でもめるのが確実だったから、佐藤さんが「国会はもつか」と心配して聞いてきたんだって。おやじは「心配しなさんな、私が全部やるから」と言ったそうだよ。後で聞いた。

日韓基本条約は仮調印後、神奈川県・箱根町で両国の代表が細部を協議し、四か月後、正式調印した。

最後の詰めの交渉を箱根でやっているとき、親父のところへ行って「詰めというのは大変でしょうね」と水を向けたんだ。そしたら、縁側で庭を眺めながら「そんなことないよ。あの連中(日韓の事務方)は細かいことは一生懸命やってくれるから、なんとか片づけてくれるよ」と、全然心配していなかった。おやじはそれからも韓国の発展を気にかけていて、調印から一〇年くらいたって「どうなったかぜひ見たい」と言って行きました。

農村も自分で歩いて回って大変感銘を受けたようで、「よかった、よかった」と話していた。おやじは相当親身にやったと思うよ。その後韓国のテレビ局が私の所に取材に来て感想を聞か

日韓基本条約の正式調印を終え、佐藤栄作首相(右から２人目)と握手する李東元・韓国外相。前列左が椎名悦三郎外相。

れたから、「昔韓国では日本語学習が強制された。今は何の強制もない中で自発的に日本語を勉強する人が増えてきたと聞いている。そういうのが将来いい方向に効いてくるんじゃないかな」と話した。条約については韓国でもいろいろ批判もあるようだけど、締結が遅れれば、発展も遅れたんじゃないかな。

9　父は相談相手――「ついでに行け」が教訓

おやじが最初に通産相になった時、「前に商工省にいたのだから、仕事も手慣れたものなんでしょ」と水を向けたら、「いやいや全然別の役所みたいだ」と否定された。商工省時代は戦時体制下の統制経済。「最後は植木鉢をいくらにする、という話までになっちゃった。通産省はそのころとは全然違う。だから、おれは素人なんだ」と。息子ながら、この人は(自分の力を)分かっている人だなと感心させられたよ。

父・悦三郎氏は通産省(現経済産業省)の前身の商工省出身で次官も経験した。第二次池田内閣などで二回通産相を務めた。商工省時代の先輩が岸信介氏。その縁もあって政界入り後も岸派に所属し、岸氏と政治行動をともにした。しかし一九六二年、岸派は分裂し、悦三郎氏は川島正次郎氏(のちに自民党副総裁)らと川島派を結成した。

親子は互いの悩みを時に相談しあった
（左から素夫夫人の秀子さん、悦三郎氏、母公枝さん、素夫氏）

おやじたちと京都に行って、夜出かけようとしたら、おやじに「ホテルに残らないか」と呼び止められた。何だろうと思ったら、「岸さんと分かれようと思っている。おまえはどう思う」と切り出された。

率直に「岸さんにも、もう義理は果たしたんじゃないの」と考えをぶつけた。さすがにこの言葉には責任を感じたね。人に言うくらいだから、本人もある程度覚悟を決めていたんだとは思うけれど。ただ、ああいう時は息子なんかに相談したくなるものなのか、と少し不思議だった。

こっちは当時、計測機器の会社経営者。政治以外の仕事していたから、むしろ(相談相手に)良かったのかもしれない。

いろいろ仕事をしたけど、あるアメリカの会社が日本での合弁相手を探していたことがあった。契約を結びたかったが、慌てて手を挙げれば足元を見られ、相手の有利な条件での契約になっちゃう。でも競争相手もいるから、のんびり構えてばかりもいられない。

悩んで今度はおやじに相談したら、「ついでに行ったらどうだ」と助言された。何かのついでに来た形にしたほうが、むしろすんなり相手の懐に飛び込める、というわけだ。

なるほどと思いましたよ。で、アメリカに着いて「今ロサンゼルスに来ているんだけど、会えないか」と向こうに連絡したら、社長が「ぜひ来てくれ。今からなら何時の便がある」なんて、すごく乗り気だった。

でも、あくまで「ついで」だから、「いや、きょうってわけにはいかない。あしたなら」と用事があるようなふりをして、映画を見て一日つぶした。翌日会いに行ったら、うまくまとまったよ。

これを応用したのが、前に話した中曽根さん(首相)とレーガン(米大統領)の「ロン・ヤス会談」のセットなんだ。中曽根訪米のちょっと前、サウスカロライナ州のヒルトンヘッドで国際会議があった。ぼくは事前に欠席通知を出していた。大統領候補の一人だったゲーリー・ハートが国際問題にも強い、とアピールするための会議というのが分かっていたから。

けれど、待てよ、会議のついでにワシントンに寄った形にすれば、ロン・ヤス会談のセッティングもうまく事が運ぶかも知れないと思いついて、出席した。

ヒルトンヘッドからガストン・シグール(大統領特別補佐官)に電話して、「会議は退屈だよ。せっかくだからあなたの顔を見てから帰ろうと思うんだけど、どうだい」と言ったら、「ぜひ来い」となって、あの会談につながったんだ。

「ついでに行け」は、おやじの残した数少ない教訓だね。

10　椎名裁定――首相就任を父に進言

おやじとは二〇歳代から毎週土曜の夜は一緒に飯を食っていた。経済の話が多かったが、折に触れ、おやじの方から政治の話で相談を持ちかけられたりもしたね。

父・椎名悦三郎氏は自民党副総裁を務めた大物議員。一九七四年、田中角栄首相が金脈問題で退陣を決めた後、後継者を選んだのが悦三郎氏だった。世に言う「椎名裁定」。候補と目されたのは福田赳夫、大平正芳、三木武夫。悦三郎氏は調停役でありながら、候補の一人としてもその名が挙がり、田中首相からも後継打診を受けていたという。だが、ネックは体力の衰えだった。

おやじは一度、田中さんがまだ首相時代に、田中側近だった西村英一さん(のちに自民党副総裁)に「彼を巻き込んでとにかく一回(金銭面で)きれいになれ」と言ったようだ。しかし、田中さんは認めなかったようだね。

裁定のためにおやじが動いていた時、一度だけ私から「(首相を)やろうと決めたのなら、ぼくも手伝いますよ」と言った。まあ、確かに健康も万全じゃなかった。そこで「今までの総理大臣と同じようなことをやってたら、体をこわしちゃう。でも、スタイルを替え、考える時間、一人でいる時間を作ればどうってことはないはずでしょう」と水を向けたんだ。しかし、おやじは「いやいや（やらない）」と、一言だけだったな。

結局、一度も「総理をやる」と口にしたことはなかった。けれども、様子を見ていると、完全にやる気がないという感じでもない。一％くらいかな。だれも適任じゃなければ、自分がやらざるをえないという考えが浮かんでたんじゃないかね。

今となっては幻だけど、椎名悦三郎内閣というのが実現していれば、党改革に取り組んだと思う。そうなれば、政治も少し変わったんじゃないか、と思うね。

結局、悦三郎氏は党改革を進める狙いで、大派閥の実力者ではない三木氏を指名し、党内の了承を取り付けた。さて、

故川島正次郎氏の銅像の除幕式で同席する椎名悦三郎氏（前列左）と田中角栄元首相（２列目右端）（1975年）

この椎名裁定に先立つ七二年の自民党総裁選では、田中氏と福田氏が佐藤栄作首相の後継を争った。悦三郎氏は佐藤政権下で外相を務め、一〇年以上にわたって交渉が難航していた日韓基本条約をまとめあげた。その時の蔵相が田中氏。

おやじは岸派で福田さんとは一緒だったが、それほど親しいわけでもなかった。日韓条約で、おやじが「経済協力についてはこれだけ韓国側に出すよ」と国の財布を預かる田中さんに言うと、田中さんは「分かりました」と返事し、ぱぱんと即実現させる。私が言うのもなんだけど、田中さんというのは、おやじにしてみれば、かわいいところがあったんだ。

おやじはこんなたとえ話もしていたな。総裁選にしろ、当時は批判を浴びた金権選挙。佐藤後継を狙う福田さんが来ると「一つお願いします」というようなことを言って、内ポケットに手をやり、ちらっちらっと札束を見せるようなことをする。で、「あなたをやってもいいよ(支持してもいい)」と言おうものなら、「ありがたい。それなら、受け取り(領収書)をもらいたい」という感じだった、と。

田中さんは「先生、一つ今回はおれを男にしてください」なんて頭を下げて、ぱーっと帰っちゃう。「あれあれ」と目を丸くしていると、あとに金が置いてある、とね。たとえ話だよ。

総裁選では田中氏が福田氏を下し、とうとう頂点を極めた。

11　三木おろし――父に代わって説明行脚

三木首相というのは首相のなり方が非常に幸運だったと言えるね。だいたい、苦労を積み重ねて、(政治的な)借金を重ねなければ首相になれなかった。もっとも、そうやって首相になれば、借りを有力者に返さなければいけなくなるけれどね。

しかし、三木さんは借り無しで首相になったので、フリーハンドの部分が相当あった。おやじは三木さんがそれを利用してちゃんと(重要政策や党改革を)やるかと思ってた。そこにロッキード事件で、おやじにしたらつまらない政局を作っちゃったものだから「三木はまったく見込み違いだった」とおやじは見た。で、「三木おろし」の首謀者にされた。

一九七六年、航空機の売り込みを図ろうとしたロッキード社の日本高官への贈賄工作、いわゆるロッキード事件が日本を揺るがせた。田中角栄前首相の関与が浮上し、三木首相が徹底糾明する考えを表明した。この姿勢に椎名悦三郎・自民党副総裁は「はしゃぎすぎている感じだ」と批判。「椎名裁定」で三木首相を誕生させた悦三郎氏は一転、田中、大平、福田の各派と三木退陣で動き始めた。産みの親が今度は引導を渡す張本人となり、事務所や自宅には抗議の電話が相次いだ。

おやじは覚悟の上の行動だから「弁解もしない」という感じだった。それでも「三木おろしというのは、どういうことでしょうか」なんて選挙区からも言ってくる。それで、支持者向けの説明会行脚をやろうとなった。そんなの本人にやらせたらかわいそうだから、と私が出向いた。「みんな、父の悪口を言うが、自分のためにしているわけではない。長い間付き合っているみなさんなら分かると思う。おやじを信用して荷担してほしい」と話しましたよ。

おやじは田中、福田赳夫、大平正芳の各氏ら各派閥のトップと作戦を練っていた。この件で、有力者たちから「極秘で会いたい」なんて言ってくるんだ。おやじが「極秘ってやつは結構骨が折れる」なんてつぶやくんで、「じゃあ、おれが運転して行こう」と言って、ホテルの裏側からこっそり入って会談したりして。

でも、次の日の朝刊を見ると、おやじとその有力者が「意見の一致を見た」なんて記事がばっちり出てる。どうやら向こうが情報源になっているんだな。有力者の「極秘に会いたい」なんて話はそれから信用しなくなったね。

七月二七日、田中前首相逮捕。三木首相と反三木陣営は解散を巡って激しい駆け引きを繰り広げた末、戦後初の任期満了による衆院選に突入する。自民党は敗れ、三木首相は退陣した。ただ、悦三郎氏もこの選挙では、旧岩手二区で最下位でぎりぎりの当選だった。悦三郎氏は七九年引退し、素夫氏が後を継ぐ。

当選してから三木さんとは議員会館のエレベーターで、何度か顔を合わせた。そんなときは向こうから「そのうち飯でも食いましょう」なんて声をかけてくるんだよ。何遍言われたか。でも実現せずだったな。暗い感じがする人だったね。

12 初めての衆院選――父の一言で気が楽に

政治家にはならないとずっと公言していた。だって、まわりの人から「君のおやじは偉い」と聞かされてばかりいたんだから。おやじとは違うことをやろうと思って、会社も始めたんだ。おやじだって「おまえはおれの後をやれ」とは言わなかったな。

一九七七年、七九歳になった父・悦三郎氏は体力の衰えなどを理由に引退を決意し、在京秘書の岩瀬繁氏に後を継ぐように伝えた。しかし、後援会の内部には悦三郎氏の選挙応援などで岩手にしばしば顔を出していた素夫氏を推す声が強かった。

――水沢の事務所で、悦三郎氏、素夫氏の二代にわたって秘書を務めた千葉栄喜さんは当時をこう振り返る。「悦三郎先生がお辞めになる前、岩瀬さんから自分が後継になった場合、地元はどう反応するだろうか、と電話で聞かれました。後援会の幹部を回ると、岩瀬さんがいいという地域もありましたが、全体としては『岩瀬さんは岩手出身でもないし、なじみが薄い。素夫さんにやってもらうべき』という声が多かったですね」。

その後、後継問題を話し合うため、後援会幹部が川崎市の悦三郎氏宅に集まり、素夫氏も呼び出された。

おやじの支持者には骨のある人がいて、「二世が安易にあとを継ぐなんてのはけしからん」「おれは悦三郎先生を見込んで支持してきた。息子をやれと勧められてもできない」なんて言われた。それを聞いて、「しめた」と思ったよ。だって、こっちはそもそもやりたくないんだから。「君はどう思っているのか、話せ」と勧められたので、こんな話をした。

「戦後の一代目は戦争に負けたところから、苦労して日本を復興した人たちだった。けれども、最近はもう一代目がいなくなった。その息子にな

衆院選出馬を前に握手を交わす素夫氏と悦三郎氏

ると苦労を知らない。政治家の父親の秘書をやっていたりすると、どこそこは大きな会社なのに献金をよこさないけちだとか、平気で言うようになる。一民間人の立場で見ていて、そういう二世が政治をやると、日本の政治がおかしくなってしまうと思う。だからやらない。あえてやらない、というのを椎名家の方針にしましょう」。

単に嫌だから逃げているんじゃなくて、積極的な意味を持つ拒否なんだと説明したわけだ。ところが、支持者の中から「あれだけよく物事が分かっているなら、やはり素夫さんにやってもらおうじゃないか」という意見が飛び出して、結局、「出ろ」が強くなっちゃった。逃げ損なっちゃったんだよ。

素夫氏は七九年の衆院選で初出馬、初当選を果たした。しかし、悦三郎氏はその選挙期間中、都内の病院で八一年の生涯を閉じた。

選挙戦で地元入りする前に入院中のおやじを見舞ったんだ。「行ってきますよ」と言ったら、「あまり、無理するなよ」って言うんだ。普通なら「頑張れよ」とか言うんだろうけど、この辺もおやじらしいよね。でも、その一言で気が楽になった。そして、それがおやじと交わした最後の言葉になった。

13　父との対話、二男の就職

おやじのことは、死んでから考える時間が結構増えたね。まわりが大事にしてくれた人だったので、自分との接点はこうだった、とか、そのときにこういうことがあったのを聞く機会が結構あった。それと父の所に出入りしていた新聞記者の方々から話を聞いたり、椎名裁定の際に原文を書いた藤田義郎さんが立派な本を作ってくれたからそんなのを読んで、「ああ、なるほど」と思うこともあった。

藤田義郎氏はサンケイ新聞(当時)の記者を務めた後、政治評論家として活躍した。政界の有力者と親しく、田中角栄首相の後継調整が行われていた際には、悦三郎氏の依頼を受けて、裁定文の原案を執筆した。悦三郎氏が死去した後、「記録・椎名悦三郎」を執筆した。

若いころから、家族を連れておやじの家に行き、毎週一回飯を食っていたけど、私の子どもの話とか全然しないんだよね。何年生になったかも聞かない。家に連れてくると、見ているんだけどさ。そんなことより、私が民間人として、経済人として見聞きした話をすごくおもしろがって聞いていたね。たとえば、「植村甲午郎さんに会ってきたけど、卵みたいな人だね。外は堅く見えるけど、中はぐしゃぐしゃだ」なんて話すと「いや、そう言えばそうだなあ」なんて話したりね。

植村甲午郎氏は経団連の会長を務め、経団連からの政治献金の一本化に努力した。

二男が生まれて、なかなかしゃべらないから変だな、と思っていたら、四つか五つくらいで自閉症だと分かった。当時は自閉症のお子さんを持っている家庭は、一人っ子が多くてね。相当苦労したと思うし、(自閉症であることを)隠そうとする家庭も非常に多かった。これはなんとかしなくちゃいけないな、と思ったんで、必要な時には言うことにしていたんですよ。私の所にも自閉症の子どもがいる、と聞いて、自分だけそんなにくよくよ悩むことはない、と思ってくれる人が増えればいいことだから。悩む親は多いけど、本人は結構楽しくやっているんだから、まわりが変にじめじめすることはないと思うんだよね。

東京の武蔵野市あたりに自閉症児を中心に預かっている幼稚園をやっている女性がいて、小学校を作りたい、という運動を始めた。その人たちが私の家内のところに来て、一緒に陳情して歩いた。役人は何もやりたがらなかった。「今まで通り養護学級に入れればいい」なんて言われてね。だったらおどしをかけた方がいいんじゃないか、と思って、おやじに「日曜日でいいから、幼稚園に一度来て、話を聞いてくれませんか」と言ったら、すぐに行ってくれてね。

当時おやじは自民党の副総裁だったけど、副総裁が見に行ったとなったら、飛び上がって、それまで言を左右にして行かなかった文部省も次の週あたりに政務次官だったかを派遣して、

幼稚園を視察する悦三郎氏(中央)と素夫氏(左端)

話が進んだ。

息子は一九九八年に埼玉の川越の工場で働くようになって、給料をもらってきた。そのときは本当にうれしかった。経済的な自立に相当近づいていたということでね。こっちは先に死ぬわけで、経済的に自立できなければ、人の慈悲にすがっていかなければいけないから。日本の社会もよくなったと思う。自閉症について分からないまでも、障害を持った人が世の中にいるということを理解するようになっただけでも大したものですよ。自然にいろんな施策も出てくるからね。

第四章　特別インタビュー

自民大勝後の政界　国のあり方、憲法で示せ(二〇〇五年九月一六日)

衆院選は全国的には自民党の大勝、民主党の惨敗に終わったのを受け、衆院選の結果の分析や内閣がこれから取り組むべき課題などを聞いた。

――なぜ、自民党があのように大勝できたのか

選挙は政策よりも政党の性格で決まる。どちらが信頼できるかということだ。そういう性格の区別があいまいなまま今日まできたが、小泉首相のやり方をみて、今度は本当に改革をやるんじゃないかと国民は思った。掃除にたとえるなら、どかさないと掃除も始められないもの(抵抗勢力)を、劇的にどかして見せたから。もっとも、ほこり一つなくなるまで掃除をやるかどうかの保証はない。

一方、自民党には昔にノスタルジアを持っている人たちも残っているし、本当に目覚めたかどうか。ただ、変わらないと(世論に)吹き飛ばされるという危機感がみなぎってきてはいる。

衆院選で自民党の当選者に赤いバラをつける小泉首相（右から２人目）ら

反小泉派は「首相は独裁だ」と政治手法を批判したが、他の国では珍しくともなんともない。イギリスのサッチャー（元首相）も気にくわない人をどんどん排除しちゃった。党内の長老を棚上げし、自分の側近を取り立てた。強い内閣を作ったから、サッチャー革命ができた。

——民主党はどう態勢を立て直すべきか

自民党は（特定）郵便局長はあてにしません、と利害関係のある支援団体を切って見せた。民主党は労働組合と関係があって、政策にも影響しているようなイメージがある。そこにタンカを切らないと、（有権者は）信用しないんじゃないかな。役員の顔ぶれによっても党の性格がわかるんだね。

——選挙結果が岩手に与える影響は

分からないね。いずれにしてもあまり国に期待しない方がいい。日本は貧乏ではないが、そうどかどか使える公の金はないし、使えば先の世代がだめになる。

——今回の衆院選の結果がもたらすものは

もうちょっと見ないと分からないが、大変なエポック(これまでと異なる時代)を作ることになるかもしれない。事実、自民党の派閥の意味はほとんどなくなってしまった。

——今後政治は何に取り組むべきか

政党にとって性格が大事なように、国にははっきりした国柄というようなものがないと誰からも信用されない。今度の選挙でほっとかれたけれど、国家観というものがすべての政策につながることを全政党に考えてもらいたい。それを具体的に言えば、憲法をどうするかになる。国の根本だね。

——今後内閣は外交にどう臨むべきか

外交は相手がある話なので、流れるようにしか流れない。ただ、憲法で(国際社会で果たす役割など)国の性格をきちっとするのが大事だ。

——日中、日韓関係についてはどうすべきかうろうろ動き回らない方がいい。たとえば、首相が靖国神社への参拝をやめない、と分かれば、（他国も参拝取りやめを）要求しても仕方ないな、という気持ちになる。相手方に、どういう出方をしようかと考えさせる状況にしておけばいい。

北朝鮮の日本人拉致問題では言い続けなければならない。拉致された日本人を取り返すのが国の義務だと言い続けなければ、あきらめのメッセージになってしまう。

明日を担う政治家へ　言葉、大事にしてほしい（二〇〇五年一〇月二六日）

――政治生活を振り返って、日本に貢献できたと思うことは

私一人でやったことはないですよ。ただ、日米関係を固めていくことには、割に貢献したと思うね。

「Ｎｏと言える日本」なんて言った人がいるけど、それを言うと戦争になるような決定的なノーもある。大きなノーを互いに言わずに済むよう、どこでノーを言うかを考えるのが必要だ。何にしても、こう決めようと思ったら、具体的な案をもとに「それではちょっと足りない」とか、「それなら十分だ」という会話を交わして、ようやく紙になるようなものができあがる。記録には残らないけどね。

野球でもファインプレーがあるけど、突っ込んでダイビングキャッチしなくてもその場所に

前からいれば、すっと取れるものもあるでしょ。政治には派手なファインプレーはいらないんだよ。

――逆に後悔していることは

防衛費のGNP比一％の枠を取り除いたのには相当貢献したと思う。それはうまくいった。ただ、憲法九条の解釈もあって、装備はあっても実は使えないというものがある。たとえば軍艦（自衛艦）があって、必要があってもイラクに持っていけなかったでしょ。そういう問題はまだまだたくさん残っている。そのあたりまで、普通の国にしておけば楽だったのになと思います。

――二大政党制をどう思うか

今、民主党は全部対案を出さなければいけないと言っているが、あんなのはやらなくてもいい。下手すると、法律おたくになっちゃう。

法案をきちんと仕上げ、法律の専門家に「すごいね」なんて、びっくりされるような人は、まあ概して視野が狭くなって、大きなことがわからなくなっちゃう。「理屈は後からついてくる」といった勘が政治家にはなければいけない。

――外国の政治家と信頼関係を築くにはどうしたらいいか

以前、経団連がフランスの元首相を招いて会議を開いた時、講演を頼まれたんだ。話し終えて元首相と一緒に昼飯を食べていたら、「昔あなたと会いましたな」と言われた。私は忘れていたんだけど、相手は「今日と同じような話を、昔、あなたからフランスで聞いて、ずっと印象に残っているんですよ」とね。彼らは言葉を大事にしているんだよ。

日本の政治家は言葉を大事にする人が非常に少ないね。中曽根(康弘・元首相)さんはうまくやったけど。

——政治家の世襲を批判していたが、問題点は

自分を棚に上げて言うけど、政治家になった時の財産、というかタンスの引き出しの数が限られてるんだ、二世議員は。特に学校出てから親の秘書なんかをやったりしただけで政治家になるとね。それが一番困るんじゃないかと思う。

——国会議員に望むことは

「この世間で、自分は知らないことの方が多い」と自覚して勉強することだね。何十兆円という予算を審議して、「これでいい」と判を押すのは怖いこと、責任重大だと思わなきゃね。

それと、有権者からの質問は簡単に答えられないものも多いけど、聞いてきた人の憂い、失敗、疑問点に共感を持つことも必要だ。

――有権者には

新幹線ができてから、簡単に東京と行き来できるようになって、かえって国会議員も忙しくなりすぎた。有権者も「国会議員に勉強しろ」と言うのなら時間をあげないとね。「うちの息子の結婚式に来てください」とか、葬式だとか、神社の祭りだとかに来いとなれば、まあ勉強なんて無理ですよ。

第五章　対談　椎名素夫VS岡崎久彦

本書の出版にあわせて、椎名素夫氏と府立高校の同級生で、現在も親交の厚い外交評論家、岡崎久彦氏とともに過去から未来に向けての日米外交や対中国への対応などについて語って頂いた。

岡崎氏は一九三〇年生まれ。東京大学法学部を中退し、五二年に外務省に入省。防衛庁国際参事官、駐米公使、外務省情報調査局長、サウジアラビア大使、タイ大使などを経て、現在NPO法人岡崎研究所所長。

対談の際、岡崎氏は以前書いた細川内閣についての漢詩(戯詞)揮毫を椎名氏に所望した。書は「七彩八派燦　山花賑石田　細川潤小沢　可惜虹色短　平成五年見遷虹於天際」。七党八派の連立の中心人物の名前を折り込み、内閣の短命を予感して書いたものだ。

中曽根首相の派閥勧誘

椎名　細川内閣ができたとき、香港で講演をしたときに、「この内閣は虹の内閣だ」という話をした。たくさん色があって、きれいだけど、すぐ消えちゃう。

――なぜ、きょうこの書を？

岡崎　あなたの色紙をたくさん持っていたけど、みんなだれかが持って行ってしまって何も残っていないんだよ。それでこの機会に文句を思い出して二三年ぶりに書いてもらった。

椎名　自民党をやめた直後くらい(に書いたの)かな。

岡崎　どうしてやめたんだっけ？

椎名　この党だめだと思った(笑)。今でもあまりよくなっていないけど。

岡崎　椎名さんをみんながあてにしたのが政調副会長の時だ。あの時は藤尾正行政調会長で、あの人が外交安保は全部まかせると言ったんだから、政調会に上がってくる案件、外務省と防衛庁は全部彼が持っている。だから、絶大なる権力だった。また、それに裏付けがあったんだ。アメリカの国務省とペンタゴン(国防総省)と仲が良かった。そのころは、ぼくは情報調査局長だったかな。

それでね、そのころ中曽根さんがぼくにしきりに会いたがったことがあった。それで行ったら「椎名を中曽根派に入れたい」と言ったんだ。

椎名　へえ、そんなことあなたに言ったの？

岡崎　そう。（中曽根氏の申し出を）断ったんだろう。

椎名　でも、あんがいあっさりしているんだよ。あの人。しつこく勧めないいんだよ。

岡崎　普通の手でやっても動かないと分かったから、私に言ったんだろう。

椎名　あなたはやたらと歴代の首相には会えて、しかも重んじられる人だったからね。外務省って変なところで、いい人はやたらにいいんだよね。だけど、くずみたいなのが多い。今はどうか知らないけど。

岡崎　いや、今の外務次官、駐米大使は良いよ。次官にはまだ会ってないでしょ。

椎名　良いというなら、安心だから会う必要もないよ。

ＮＨＫ報道で受信料を不払い

椎名　とにかく、日本にとって非常に大きな問題は中国の問題だ。あそこでへんにとりもちをくっつけられると、みんな苦労する。やっかいですよ。中国はストー

カーみたいな国だ。そういうところにわざわざ行くやつがいるから不思議だ。向こうが(自分たちは大事に思われていると)誤解するんだよ。

岡崎　そうそう。理屈をつけて強面でなんとかしようとするストーカーなんだよ。

あなた、日中正常化の時のＮＨＫが気に入らないと言って、ＮＨＫの受信料払わなかったんだろう。

椎名　そう。ずっと払わなかった(笑)。

岡崎　何が気に入らなかったの?

椎名　日中国交正常化の直前、中国に脅されて(悦三郎氏が特使として出向いた)台湾に記者を出さなかったんだね。税金みたいに(受信料を)巻き上げておいて報道の義務を放棄するのはけしからん、というのでずっと払わなかった。取りに来たけど、家内にも言っておいて、「うちは払わないと言っております」と話させてね。もう一回どこかよその国に脅されて同じことをやるかもしれないから。

そしたら代議士になっちゃった。NHKの予算が出てきた時に、「ちょっと待て。おれは五年くらい払っていない。なぜかと言えば」と言って説明した。それで「私一人になってもNHK予算には賛成しない」と話した。「こういうことは二度とやらないと公約しなければ払わない」とNHK会長あてに内容証明で出したこともあった。なしのつぶてだったけどね。そうすると、「一度お食事を」としつこく言ってくるんだよ。「くだらない、なぜ飯食いに付き合わないといけないのか」と断ったけどさ。NHKの報道ぶりがけしからんと言う人は自民党にはいて、何人かやってきて「加勢するよ」なんて言ってきたこともあった。それは断ったけど。最後には妥協して、こうこうこうであるという文章を出すから、「その通りです」という文章を出せ、と言ったら、会長じゃないけど、局長が持ってきたよ。

それで「じゃあ、払う」となったら、すぐにつけを持ってきた。「本来は不払いを復活する時は利息を頂きますが、それは頂きません」と言いやがった(笑)。(日中国交正常化の)あのときの外務省というのは悪かったね。

岡崎　悪いなんてものじゃない。もっとも日本全体がそういう風潮だったな。

椎名　政権党の総裁が頼む、とにかくごまかしてくれ、と言って(悦三郎氏は)台湾に行ったわけでしょ。それに対して、ブリーフィングも何もしに来ないんだから驚いたね。

——日米の間に対中国についての共通政策がないと岡崎氏は指摘しているが

岡崎　そう、ないんだ。だって、佐藤内閣までは日本の政策とアメリカの政策がぴったり同じだったんだ。そうあるべきだよね。だって、冷戦時代で向こうは共産国で、日本は同盟国だもの。それはつまり、対ソ戦略がアメリカとドイツで同じだったということと同じだよ。それが七一年以来、今に至るまで共通政策がない。それは本当に恐るべきことだよ。

椎名　天皇訪中の時なんかひどかったね。あのころは私が何を言うかは結構大事だったみたいで、外務省の偉いのがやってきちゃ、「なんとか、ご承認願いたい」と。それを「だめだ」「だめだ」でね。「天皇が行かれるというのは両方の国の国民同士が仲良くしようという感じが大勢だという時に行くんだ。それをうまくいかないから、うまくいかせるために天皇陛下に行っていただくなんて話があるか。だいたい、天皇陛下が訪中なさったらどうなる」と聞いたら、「それでおしまいです。歴史問題は」なんて言うんだ。

岡崎　宮沢内閣だね。ぼくは反対論文を書いたよ。

椎名　台湾も中国も最初は独裁国家だった。ところが、李登輝時代に本当に民主国家になってしまった。その節目で対中、対台湾政策をじっくり再検討すればよかった。

——台湾と日本との政治家のパイプは機能しているのか

椎名　だらしなく付き合っていると、付き合い自体がだらしくなくなるね。前からの付き合いで、日華議員懇があって、メンバーはたくさんいるけど、日本の将来とその戦略のことなんかも本気で考えたことがないんだね。

たとえば周辺事態法の審議のときに委員会で言ったけど、「戦闘地域になったら引く」と言うから、台湾からジェット機で一〇分で日本の領土だ。そんなことを言ったら日本の領土でも引かなければならなくなっちゃう。本当に変な話になる。

防衛長官に「サッカーではオフサイドの判定に駆け回る副審がいるけど、あれをあなたはやらなければいけなくなる。忙しいよ」と言ったんだ。

民衆カードを中国は切れない

——小泉内閣と中国政府の関係が悪化しているが。対中外交についてどういうスタンスで望むべきか

椎名　自分がまともだと思ったことをとにかく言えばいいんだよ。今のは外交なんてもんじゃないよ。悪化、悪化と騒ぐけど原因作っているのは全部向こうだもの。

岡崎　関係は悪化していないよ。去年の四月に反日デモがあったでしょ。あれから後はデモはないし、日本の会社いじめもない。小泉さんが靖国参拝しても何もない。ということはもう、

民衆を使っての反日デモはもうできないですよ。すれば損だと分かっているから。

日中関係が悪いと言っても、首脳会談をしない、というだけの話でしょ。これは外交というものができてからは前代未聞でしょうね。条件に使うべきものではないんだから。三年前はまだあいまいに言って、「暗に靖国神社参拝をやめればいい、と言っている」と朝日が解説する必要があったが、今ははっきり「靖国参拝をやめろ」と条件にしている。三年前に「中国はどうやってこの問題を収拾するつもりなんだろうか、そのうちにっちもさっちもいかなくなる」と書いたんだけど、本当にそうなっちゃった。ただ、その一事を除いて、うまく行っている。改善する必要はないんだ。

椎名　改善する必要があると思っている人がうろうろいるから困るんだよね。

岡崎　そうだね。

椎名　時々「そろそろ首脳会談をやってみたらどうですか」と大使が言いに行って、「だめだ」と言われたら、「そうですか」と帰ってきて、また半年たったら行ってみるというくらいでちょうどいい。

岡崎　昨年四月の反日デモ以降、日本の会社は中国での投資を控えて、ベトナムとかインドに投資するようになった。でも、あのデモから後は危険じゃない。今までがのめり込みすぎだから、抑えてちょうど良くなったけど。民衆カードは効果がありすぎて切れなくなった。切ると、国内で反政府運動になっちゃうから。

現に去年七月、盧溝橋の抗日戦争記念館にあった展示を新しくするときに、（日本軍による虐殺風景などの）蝋人形をなくしたんだよ。首脳会談以外はみんなよくなっている。

椎名　中国も成長を続けているけど、竹下内閣のころの日本と同じで、無限に成長するわけではない。いつかは天井を打つ。

岡崎　九二年から成長が始まったと考えて一五年近くになる。世界で好景気がそれだけ続くというのは、第一次大戦から大恐慌までの一九一四年から二九年まで一五年間くらい。ただ、そのあとがくっと来た。

椎名　最近、ビル・エモットが論文を書いて「これから先の心配は中国が間違わないことだ」と書いているけど、ぼくもそう思うね。日本が間違った印象を中国に与えることは、彼らが間違う可能性を大きくする。それは世界に対する責任だと思って、ちゃんと言うことは言った方がいい。

対米外交――椎名氏が支えた八〇年代の軍備増強

椎名　だけどさ、日本には反米（を言った方がいい）という雰囲気があるでしょ。アメリカ一辺倒でいいのか、というやつね。「アメリカでも日中関係を心配している」と言う情報が流れるじゃない。ああいうのはよくないね。アメリカでも分かっている人（高官）は中国と本気で仲良くしようと思っていない。でも現場に近いところの人には、付き合い上いいようなことを言うようなのがいるから。

岡崎　今の政権はゼーリック（国務省副長官）という人が親中派ですけど、それまで中国はとっかかりがなかった。ブッシュさんは完全に小泉さん支持ですから、余計なことを言わないですよ。アメリカは大統領の言うことを下がピシッと聞きますから。ブッシュ政権が続く限り心配はないですよ。

――ブッシュ政権第二期では、知日派が政権を離れたが

岡崎　それはたしかに問題だけどが、ブッシュさんがしっかりしているから。

椎名　今、米軍の再編問題なんかをやっているけど、こういうことをちゃんと身を入れていけば日米関係は大丈夫ですよ。

ただ、昔から悪い癖だと思うのは、日本の現場の役人はけちなんだよね。お金のことになると、なんかけちになる。けちなのに「お金がない」と言うのも嫌で理屈を言う。

岡崎　一回だけけちじゃなかったのは金丸信の「思いやり予算」。あれはすごい予算で、何から何まで払っちゃうので、最近ちょっと減らすようになったけど。

椎名　あの延長で（在日米軍の）引っ越し代の話がある。思いやり予算と命名したから余計に無駄な出費に見える。必要な金は必要なんですよ。

だいたい、八〇年代には毎年（日本の防衛）予算について、アメリカの反応が気になるから、この予算で日本はちゃんと役割を果たせます、と厚い書類を書いてアメリカに言う。次の年になるとまた出す。向こうは前の年の書類を取ってあって、「これは基本の理屈が違うんじゃないか」と言うんだ。

「出したいんですが、金がないのでやれません」と言えばいいのに、「これだけの飛行機とこれだけのことをやれば、日本は同盟国としての防衛の役割をきちんとできる」ということを一生懸命書くんだよね。

岡崎　今日本の防衛体制で、核はないけれども、近代的な海空軍力は世界第二位で、イギリスより強い。それを作ったのは八〇年代を通しての軍備増強なんですよ。それは椎名さんなくしてはできなかった。そういう時期があった。

端的に言えば、鈴木内閣で宮沢（喜一）さんが官房長官の時は、防衛予算ができると、これでアメリカは満足するだろうか、と正式な交渉ルートとは別に、椎名さんのところに持ってきたんだ。椎名さんがアメリカに「こんなことだ」と電話すると、「このへんくらいは直せないか。それさえ直せば支持声明を出す」なんて言って、もう声明の案文まで作ってあるんだ。宮沢さんが「大丈夫かな」なんて言っていると、アメリカがただちに歓迎の声明を出した。そういう手はずだった。

椎名　話は簡単なんでね、毎年問題になって「こんな予算でアメリカはなんて言うだろう」と心配して、つまらない書類を作ったりしているけど、おしまいに出る新聞声明で「日本はよくやっている」と言うか言わないかという話だけだ。ある年に、「日本は大変なプログレス（進歩）だ」と言わせてしまえば、次の年は楽になるのさ。今年はだめだ、と言えば、「なぜだ。去年はほめたじゃないか」となるから（笑）。こっちもうれしくなるからさ。結構励むようになった。それだけの話だ。

岡崎　中曽根内閣が始まった時、椎名さんを使っていないと聞いて、宮沢さんが「それは大変なことになる。椎名さんにお願いしなさい」と言ったという話があるくらい。その八〇年代の日米関係の強化が、東シナ海で中国が何をしてもびくともしない日本の軍事力を八〇年代に作らせた。

それと九〇年代の初めにひどい日米摩擦があったでしょ。それをかばってくれたのがペンタゴンだった。それも八〇年代の名残なんだ。みんながいろいろやったんだけど、発端は椎名さんだった。

議員外交――ブラッドレーとパッテンと

――ビル・ブラッドレーとの日米国会議員委員会に代表される議員外交の意義。政府間とは違うどういう役割があるのか。

椎名　雰囲気を良くするということだけだよ。細かい話はやっちゃいけないんだよね。

岡崎　結局「こいつは話が通じる」と向こうの一級人物に思われる人物がこっちにいない限り、何をやってもだめだね。英語の問題があるけど、そういう人間が日本には本当にいないんだよ。その役割を彼はしたのよ。アメリカでは、民主党の大統領候補の本命だったブラッドレー、それから共和党は今も上院の外交委員長で、この分野では発言力がもっともある（リチャード・）ルーガーでしょ。要するに先方がこの男なら普通にイギリスの閣僚だとかと同じようにつきあえる、と思えるかどうかだけだ。

椎名　惜しかったのは、最後の香港総督をやったイギリスのクリス・パッテンだよ。保守党の幹事長の時に、みんなのことを一生懸命やりすぎて、自分が選挙で落ちちゃった。もしうまくいっていればプライムミニスターのたまなんだよ。アメリカ人もそう言っていた

岡崎　そうだな。あなた、パッテンとも親しくしたの？

椎名　うん。演説はうまいしね、アメリカだったら大統領だと言っていたんだ。彼がイギリスの首相になって、ブラッドレーが大統領になったら、私が日本の政界にいるのも役に立つかな、と思っていたんだ。そうしたら両方とも外れちゃった。

岡崎　その年くらいにあなたが選挙に落ちたの。

椎名　その前かな。

ＰＫＯ法案――岡崎・椎名の連係プレー

岡崎　最初にＰＫＯ協力法案を作ろうとした時、海部さんが首相で、栗山尚一次官だった。そのときに法律を作る前に特使を中韓とＡＳＥＡＮ六か国に送って意見を求める、ということをやろうとしたんだ。

法律を作ってから説明しに歩くのはいいけど、作る前に作っていいかどうか聞けば、中国と韓国はノーと言うに決まっている。ノーと言わせるために出すと言うことを決めたんだ。

それで、各大使館に受け入れ可能かどうかを回答しろという訓令が各大使に出た。各大使は、(現地の)外務省に聞いてすぐに受け入れ可能という返事をした。私は当時タイの大使で、そんなことしなくてもいいだろうと反論したりした。そのときは椎名さんに頼んだ。ところが東京にいないんだ。ワシントンにいるらしい、となって、バンコクからワシントンに長距離電話をした。それで「こんな話が通ったら大変だから」と話したら、椎名さんが藤尾正行さんに電話してくれた。藤尾さんが栗山次官のところに行って「これは大問題だ。(自民党)総務会で取り上げる」とどなり込んだおかげで、それで流れた。

もしあれを実行していると、その後は安全保障問題全部について、中国、韓国の意向を聞いてからということになる。その後のＰＫＯ協力法案など一つも通っていないよ。

椎名 それはそうだな。

岡崎 それを止めたのが、椎名さんを通じて動いた藤尾正行さんの動きだ。あれ、ぼくは日本の一つの危機だったと思う。よく止めてくれたよ。

椎名 それはそのときの一発で終わらない話だから。それが前例になる。今、それが危ないね。なんかやりそうだね。

岡崎 なんかする前に中国と韓国の意向を聞く、という。

椎名 だから、くだらない手を出さないことだな。

岡崎 あれだけはお国に借りを返せたかな、と今でも思っているよ。返事を引き延ばしてね。引き延ばすのも、役人だからあまり乱暴なことは出来ない。意外に説得力があったのは、「外務省が大使を派遣しているのに、特使を派遣する必要はないではないか」という理屈。これは役人の権限争いの琴線に触れた（笑）。それでみんな「それはそうだ」と言った。くだらないし、本質には何も関係ないんだけど、それで、数日かせいだ。その数日の間に、藤尾さんに椎名さんが話してくれてね。ここまで話したのはまったく初めてだ。

椎名　忘れちゃった（笑）。

――姉妹都市など、自治体外交や国民レベルの交流の意味は

椎名　結構、うまく付き合いができて、お祭りのたびに来るところもあれば、役に立たないのもある。よくあるのは、向こうからこっちに来るときはこっちが払わなければならないし、こっちから行くときもこっちが払わなければならないし、ということでね。中国なんかと多いと聞くね。相手によっては、歴史の話を持ち出したりとかね。付き合わない方がいいね。まあ、（自治体外交は）これからじゃないかね。いいＮＧＯなんかが出てきているでしょ。こっちも役所のお金を頼ったりする人が多かったけど、人のお金をあてにしてやっていたらだめですよ。

これからの日本――ポスト小泉の条件

椎名　大事なのは日米関係をちゃんとすることと、対中国で間違わないようにする、ということだね。

岡崎　集団的自衛権の行使を認めることだね。ところで、あなたが引退しようかどうか、迷っていたらしいときに、安倍晋三さんが幹事長になった。そのニュースが流れた直後に電話してきたね。「すごいいねえ。いいねえ。これならおれなんかが永田町でうろうろしていることなんかないよな」と言った。それっきり、引退を決めたらしいね。

椎名　「任命者の意図がどうであろうと、ものすごくいい」と言ったんだよね。ある政治評論家から「安倍はいいと言っていると聞いたけど、よく知っているのか」と聞かれたから、「知らないよ。でも見てりゃあ分かるじゃないか」と話した。（小泉首相の後継として）間にだれかはさまないで、安倍さんならいいけどね。

岡崎　この前の総選挙の直後だったけど、無責任な立場を利用して、相手の反応を見て歩いたことがあるんだ。「次の首相として一番いいのは麻生（太郎）さんが四、五年やって、その後安倍さん。そうすると、一〇年安心して見てられる」って。安倍さんがなってしまって、四、五年して元首相というのはおもしろくないから麻生さんが先になるといい、ということを言って歩いて反応を楽しんだことはあった。

椎名　次に安倍さんとしないで、順番を狂わすとしたらそれ以外にないね。麻生という人も非常にいいと思う。コンプレックスがないから。とにかく政治家を見ていてコンプレックスがある人を偉くしちゃだめだね。

岡崎　安倍さんこそコンプレックスがないね。

――コンプレックスがあるとどの辺がだめか。

椎名　どこかで手がかじかむんだよ。「これを言うとどうかな」と周囲を振り返ったりする。自分が考えていることを言えばいいのに、言わなかったりする。まあ、それ以前に言うべきものがないやつが多すぎるね。

岡崎　言うことがないのは困るね。

椎名　言うことを自分の頭で考えて作れば、それがその政治家の理念・政策になるんだけど、借り物で間に合わせようとすると、ともすれば「世論」追随になってしまうんだね。この弊害が目につくように思う。

　そもそも「世論」というのは漢字制限によって「輿論」を簡便化した言葉であって、本来の意味が曖昧になってしまった。

「世論」と言えば個々の私益の感覚が強いけど、「輿論」には「公論」の性格がある。「萬機公論に決すべし」を「萬機世論に決すべし」と置き換えたら意味をなさなくなるんで、若い政治家にはこのことを頭に置いて勉強してもらいたいね。

あとがき

「不羈不奔（ふきふほん）」――「束縛はされないが、奔放に流れない」の意味という。そういえばそんな言葉があったなと思わされるほど耳になじみやすいのだが、実は本書のもととなった連載開始にあたり、椎名素夫氏が自ら編み出した造語である。短い四文字熟語には、権力に同化せず、おもねらず、自ら立脚して正論を貫こうとした椎名氏の政治姿勢が込められている。

椎名氏は一九三〇年、岩手県選出の衆院議員で自民党副総裁も務めた椎名悦三郎氏の二男として生まれた。電源開発に勤務後、自ら計測機器会社を設立、七九年、衆院旧岩手二区で初当選して以来、衆院議員を四期務めた。九〇年衆院選で落選後、九二年参院選で国政に復帰、自民党を離党後、参院の無所属議員による「無所属の会」を旗揚げし、参院改革にも取り組んだ。二〇〇四年に引退するまで、国会議員生活は二二年あまりの長きにわたった。自民党政調副会長や国際局長を務めたものの、閣僚や政務次官、国会の委員長には一度も就任しなかった。それでも「日本政界屈指の外交通」として、海外にも幅広く知られ、その多岐にわたる人脈はいつの時代も重視された。

本書では、七九年、衆院議員に当選したばかりの椎名氏が目の当たりにした自民党の「四〇日抗争」、七四年、当時の田中角栄首相が金脈問題で退陣後、三木武夫氏を後継者に選んだ父悦三郎氏による「椎名裁定」、その後の「三木おろし」、外交史上「最も良好な日米関係」がスタートするきっかけとなった八三年一月の中曽根康弘首相とレーガン大統領の首脳会談（ロン・ヤス会談）、中曽根後継を争った竹下登、安部晋太郎、宮沢喜一の三氏による「安・竹・宮」の戦いなど、一般にはうかがい知ることのできない数々の政治の舞台裏が語られている。

また、満州（現中国東北部）での少年時代、東京での旧制高校時代、名古屋での大学生時代、電源開発でのサラリーマン時代の思い出のほか、椎名氏が身を粉にして取り組んだＦＳＸ（次期支援戦闘機）問題や日英二〇〇〇年委員会など外国首脳とのエピソード、原子力船「むつ」廃船や東北新幹線水沢江刺駅開業など東北、地元・岩手にかかわる問題の秘話も初めて公にされ、椎名氏の政治家としての生き様だけでなく、椎名氏を生み出した時代の背景もつぶさに知ることができる。

その平易で穏やかな語り口を読むにつれ、内外の大物政治家らと真っ正面から向き合い、国益を第一に考え、自らの信念に基づいて行動した椎名氏の姿が浮かんでくる。

「椎名素夫回顧録：不羈不奔」は二〇〇五年三月から同一二月まで、計三一回にわたり、読売新聞岩手県版紙上に連載された。本書は連載には盛り込めなかった話を加え、大幅に加筆した。また、新たに岡崎久彦との対談も収録した。取材・執筆は政治部出身で現盛岡支局員の遠藤剛記者が、デスクは遠藤雅也・盛岡支局次席（現水戸支局次席）がそれぞれ最初から最後まで担当した。写真の一部は椎名氏および椎名氏の事務所から提供いただいた。

椎名氏へのインタビューは主に東京の椎名事務所で行われ、延べ三〇時間にも及んだ。椎名氏の記憶だけを頼り、うのみにするのではなく、数々の資料・文書を徹底して確認し、登場する政治家や官僚、事務所スタッフへの取材も可能な限り行った。ジャーナリズムの基本を忠実に守った取材手法が、この連載を単なる回顧録ではなく、政治史の一環たらしめ、読者から大きな反響を呼んだ理由と自負している。新聞記者はやる気さえあれば、どこにいても記者らしい仕事ができるということの証しとしてとらえていただければ、うれしい限りである。

本書の出版にあたっては、東信堂の下田勝司さんに貴重な助言を頂いた。心より御礼を申し上げたい。

この四月、「偽メール」問題で揺れた民主党の新代表に椎名氏と同じく岩手県奥州市(旧水沢市、旧江刺市などが合併して発足)を地盤とする小沢一郎氏が選出された。九月には小泉首相が自民党総裁の任期満了に伴い退陣、新しい自民党総裁・首相が選出され、二大政党の新たな対決が予想される折、本書が政治家の心構えのあり方を知る一助として多くの人に読まれることを願っている。

二〇〇六年五月

読売新聞盛岡支局長　増川　博之

主な参考文献

「赤外線めがね」（椎名素夫　中央公論・二〇〇〇年一月号〜二〇〇一年一二月号）
「記録　椎名悦三郎」（椎名悦三郎追悼録刊行会）
「私の履歴書第四一集」（日本経済新聞社）
「墓守の記　いま敢て椎名悦三郎を語る」（青木慎治　新潮四五・一九九二年五月号〜一二月号）
「椎名裁定」（藤田義郎　サンケイ出版）
「椎名悦三郎秘録」（池浦泰宏　サンデー毎日　一九八〇・一・六号〜二・一七号）
「賢人たちの世」（城山三郎　文藝春秋）
「原子力船むつ　虚構の航跡」（倉沢治雄　現代書館）
「永遠の今に生きる」（工藤巌　岩手日報社）
「韓日条約締結秘話　ある二人の外交官の運命的出会い」（李東元　PHP研究所）
「記録小説　東北新幹線水沢駅」（桐生道雄　水沢印刷）
「自民党　政権党の三八年」（北岡伸一　読売新聞社）
「戦後政治史」（石川真澄　岩波新書）
「連立政権　日本の政治一九九三〜」（草野厚　文春新書）
「ニッポンFSXを撃て　たそがれゆく日米同盟」（手嶋龍一　新潮文庫）
「国家なる幻影」（石原慎太郎　文春文庫）
「読売新聞縮刷版」

椎名素夫関連年表

		椎名家関連（特に表記がないものは素夫氏に関するもの）	政界・社会
一九二三（大正一二）年		悦三郎、東京帝大独法科卒業。農商務省入省	
一九三〇（昭和　五）年	八月一九日	東京で生まれる	
一九三四（昭和　九）年	四月	悦三郎の赴任に伴い、満州（現中国東北部）に渡る	
一九三九（昭和一四）年	四月	悦三郎の異動に伴い、日本帰国	
一九四一（昭和一六）年	一〇月二一日	悦三郎、商工次官に	
一九四五（昭和二〇）年	四月一〇日	悦三郎、軍需次官に	
	八月一五日	終戦	
一九四六（昭和二一）年	五月二二日		第一次吉田内閣発足
一九四七（昭和二二）年	五月　三日		日本国憲法施行
	八月	悦三郎、公職追放	
一九四九（昭和二四）年	四月　四日		北大西洋条約（ＮＡＴＯ）調印
一九五〇（昭和二五）年	三月	都立高校を卒業	

一九五一（昭和二六）年	六月二五日		朝鮮戦争起こる
	六月二〇日	悦三郎、公職追放解除	
	九月　八日		サンフランシスコで対日講和条約調印。日米安保条約調印。
一九五三（昭和二八）年	三月	名古屋大理学部卒業	
	四月一九日	悦三郎、衆院選に出馬、落選	
	七月二七日		板門店で朝鮮休戦協定調印
一九五四（昭和二九）年	七月一日		防衛庁、自衛隊発足
	一二月一〇日		第一次鳩山内閣発足
一九五五（昭和三〇）年	二月二七日	悦三郎、衆院岩手二区から出馬し、初当選	
	四月	電源開発に就職	
	一〇月一三日		日本社会党統一大会
	一一月一五日		自由民主党結成
一九五六（昭和三一）年	一〇月一九日		日ソ国交回復。モスクワで共同宣言に調印
一九五七（昭和三二）年	二月二五日		第一次岸内閣発足
	七月二〇日	悦三郎、自民党経理局長に	
一九五八（昭和三三）年	五月二二日	悦三郎が再選	
	一二月二一日		ドゴール氏がフランス大統領に当選

一九五九(昭和三四)年		原子力研究のため、アメリカのアルゴンヌ国立研究所で一年間研修	
	六月一八日	悦三郎、第二次岸内閣官房長官に	第二次岸内閣発足
一九六〇(昭和三五)年	七月一六日	兄、勢一郎が死去	
	六月一九日		新安保条約自然承認
	七月一九日	悦三郎、自民党政調会長に	池田内閣発足
	一一月二〇日	悦三郎が三選果たす	
	一二月　八日	第二次池田内閣で悦三郎、通産相に	第二次池田内閣発足
一九六一(昭和三六)年		電源開発を退社	
一九六二(昭和三七)年	一〇月二二日		キューバ危機
一九六三(昭和三八)年	九月	サムタクを設立	
	一一月二一日	悦三郎が四選果たす	
一九六四(昭和三九)年	七月一八日	第三次池田内閣で悦三郎、外相に	第三次池田内閣発足
	一〇月一〇日		東京オリンピック開催
	一〇月二五日		池田首相、病気で辞意表明
	一一月　九日	悦三郎、佐藤内閣で外相に留任	佐藤内閣発足
一九六五(昭和四〇)年	二月　七日		米機、ベトナム北爆開始

	二月一七日	悦三郎、外相として初めて訪韓	
	二月二〇日	悦三郎、韓国で李東元外務部長官と会談。日韓基本条約に仮調印	
	六月　三日	悦三郎、佐藤改造内閣で外相に留任	佐藤改造内閣発足
	一二月一八日	日韓基本条約の批准書交換	
一九六六(昭和四一)年	一月一五日	悦三郎、現職外相として戦後初めてソ連を訪問	
	八月　一日	悦三郎、佐藤第二次改造内閣で外相に留任	佐藤第二次改造内閣発足
	一二月　三日	悦三郎、自民党総務会長に就任	佐藤第三次改造内閣発足
一九六七(昭和四二)年	六月　五日		第三次中東戦争始まる
	一一月二五日	悦三郎、第二次佐藤改造内閣で通産相に	第二次佐藤改造内閣発足
一九六八(昭和四三)年	一月二九日	悦三郎が五選果たす	
	五月	世界経済情報サービス理事に就任	
一九六九(昭和四四)年	一二月二七日	悦三郎が六選果たす	
一九七〇(昭和四五)年	一一月一四日	川島正次郎死去の後、川島派が椎名派に衣替え	
一九七一(昭和四六)年	六月一七日		沖縄返還協定調印

一九七二(昭和四七)年	二月一九日		連合赤軍、軽井沢「あさま山荘」に主婦を人質にこもり、警官隊と銃撃戦
	二月二一日		ニクソン米大統領が訪中
	六月一七日		佐藤首相が辞意を正式表明
	七月　七日		第一次田中内閣発足
	八月二二日	悦三郎、自民党副総裁に就任	
	九月一七日	悦三郎、政府特使として訪台	
	九月二九日		日中国交正常化、北京で田中・周両首相が共同声明調印
	一二月一〇日	悦三郎が七選を果たす	
一九七三(昭和四八)年	一〇月　六日		第四次中東戦争始まる。第一次石油危機に
一九七四(昭和四九)年	一月　七日		田中首相が東南アジア五カ国を訪問。反日暴動起きる
		パーティシペーションを設立	
	七月一六日	悦三郎、田中首相と会談。三木副総理・福田蔵相辞任に伴う政局収拾策を協議	
	八月　一日	悦三郎、党基本問題・運営に関する調査会の会長となり、初会合	

八月　八日		ニクソン米大統領がウォーターゲート事件で辞任発表
九月　一日		原子力船むつが放射線漏れ事故
一〇月一〇日		文藝春秋が田中首相の金脈問題を取り上げる
一〇月二六日	悦三郎、田中首相と会談し、椎名首班を打診される	
一一月　四日	悦三郎、保利茂、金丸信、田村元と須走の別荘で会談	
一一月二二日	悦三郎、田中首相と会談	
一一月二六日	悦三郎、党基本問題・運営に関する調査会長として党内実力者を招き、後継首班選考に乗り出す	田中首相、辞意を表明
一一月二九日	悦三郎、三木元副総理、中曽根通産相、大平蔵相、福田元蔵相の各氏と個別会談	
一一月三〇日	悦三郎、三木、中曽根、大平、福田の四氏と会談	
一二月　一日	悦三郎、「椎名裁定」で後継首班に三木を指名	
一二月　九日		三木内閣発足

一九七六(昭和五一)年	五月	悦三郎、田中前首相、大平蔵相、福田元蔵相と相次いで会談。三木退陣で一致	
	六月二一日	悦三郎、三木首相と会談	
	七月二七日		ロッキード事件で田中角栄前首相が逮捕
	八月一九日		自民党反三木勢力が挙党体制確立協議会を結成
	一二月 五日	悦三郎が八選果たす	衆院選で自民大敗
	一二月一七日		三木首相、選挙大敗の責任を取って退陣を表明
一九七七(昭和五二)年	三月	アジアクラブ理事に就任	
一九七八(昭和五三)年	七月一二日	国際経済政策調査会理事長に就任	
	七月二三日	悦三郎、川崎市生田の新居に移る	
	一〇月 七日	悦三郎、仙台に椎名後援会幹部を集め、政界引退の内意を伝える	
	一二月 七日		第一次大平内閣発足
一九七九(昭和五四)年	一月 四日		米グラマン社の日本などへの航空疑惑表面化

	六月一七日	椎名後援会幹部会を東京のホテルで開催し、後継者として素夫氏を決定	
	九月　七日		衆院解散
	九月三〇日	悦三郎死去	
	一〇月　七日	衆院岩手二区から出馬し、初当選	
	一〇月		大平首相の退陣要求を巡り、四十日抗争
	一〇月三〇日	悦三郎の自民党葬行われる	
	一一月　六日		四十日抗争の結果、首相指名で自民分裂。衆院での決選投票で大平氏が首相に
一九八〇(昭和五五)年	五月一六日		大平内閣不信任案可決で衆院解散。選挙戦期間中に大平首相死去。
	六月二二日	再選を果たす	
	七月一七日		鈴木内閣が発足
	一一月　四日		レーガン氏が米大統領選で当選
一九八一(昭和五六)年	一月	アメリカのニクソン元大統領と会談	
	五月一六日		鈴木首相、日米首脳会談の共同声明に不満漏らし、伊東外相が辞任

一九八二(昭和五七)年	六月二三日		東北新幹線大宮〜盛岡間開通
	一〇月一二日		鈴木首相が退陣表明
	一一月二四日		自民党総裁予備選で中曽根氏が圧勝
	一一月二七日		中曽根内閣発足
	一二月三一日	中曽根首相から訪米の打診を受ける	
一九八三(昭和五八)年	一月	訪米し、ガストン・シグール大統領特別補佐官と会談	
	一月一七日		中曽根首相訪米。レーガン米大統領と会談
	八月一九日	中山太郎氏らと「原子力船を考える会」を作る	
	八月二一日		フィリピンのアキノ元上院議員、マニラ空港で暗殺
	一〇月一二日		東京地裁、田中元首相に懲役四年の実刑判決
	一一月　四日	原子力船を考える会の提言として大湊港での実験再開を求める。椎名氏が執筆	
	一二月一八日	三期目の当選を果たす	
	一二月	自民党政調副会長に就任	

一九八四(昭和五九)年	一月一七日		自民党科学技術部会が「むつ」廃船を決定
	一月二四日		自民四役裁定で、「むつ」の新母港建設費を認める一方、党の検討委員会設置を決める
	五月　八日	自民党の「原子力船「むつ」に関する検討委員会」が初会合。椎名氏が事実上のとりまとめ役に	
	六月　二日	「むつ検討委員会」が海外視察に出発	
	八月　七日	「むつ検討委員会」が九〇年をメドに廃船とすることを盛り込んだ報告書を発表	
一九八五(昭和六〇)年	二月二七日		田中角栄・元首相が脳梗塞で入院
	三月一一日		ソ連共産党書記長にゴルバチョフ氏
	三月一四日		東北新幹線水沢江刺駅が開業
	八月一五日		中曽根首相、靖国神社公式参拝
	一二月	党国際局長を兼務	
一九八六(昭和六一)年	二月二五日		フィリピン、アキノ大統領が就任。マルコス前大統領が国外亡命。

	二月	中曽根首相の指示で、自民党総裁特使として訪比	
	七月　六日	四期目の当選を果たす	
一九八七（昭和六二）年	五月　二日	日米国会議員委員会が初会合	
	五月二三日	自民党岩手県連会長に就任	
	七月二一日	東芝機械によるココム規制違反事件の再発防止を検討する自民党技術不正流出対策検討会の座長に就任	
	七月二九日		田中角栄・元首相が東京高裁でも有罪判決
	八月　四日	中山太郎氏らと自民党宇宙開発推進議連を設立	
	九月二四日	二階堂進氏の激励会に出席	
	一〇月　八日	自民党総裁選で、安倍晋太郎の推薦人に加わる	
一九八八（昭和六三）年	七月　六日		リクルート・江副会長が引責辞任
	一二月　九日		リクルート事件に関連し、宮沢蔵相が辞任
一九八九（昭和六四年、平成元）年	一月　七日	昭和天皇崩御	

	二月一三日		リクルート・江副前会長が逮捕
	三月　三日	日英二〇〇〇年委員会の新座長に就任	
	三月一三日	日英二〇〇〇年委員会の第五回会合が英国で開かれる	
	四月二五日		竹下首相、予算成立後の内閣総辞職表明
	五月一一日		伊東正義元外相、竹下首相の後継要請を固辞
	五月末	藤尾正行、亀井静香らに総裁選出馬を打診されるが、断る	
	六月　二日		宇野内閣発足
	六月二三日	自民党政治倫理小委員長に就任	
	七月二四日		宇野首相、参院選大敗で退陣表明
	八月一〇日		海部内閣発足
一九九〇(平成二)年	二月一一日		南アフリカの黒人指導者、マンデラ氏釈放
	二月一八日	衆院選で五選を目指すが、落選	
	三月一五日		ゴルバチョフ氏がソ連初大統領に
	八月　二日		イラク軍、クウェートに侵攻
	一〇月　三日		統一ドイツ誕生

一九九一(平成三)年	一月一七日		湾岸戦争始まる
	四月一六日		ゴルバチョフ・ソ連大統領が初来日
	一〇月　八日	参院選岩手選挙区の自民公認候補として決定	
	一一月　五日		宮沢内閣発足
	一一月二二日		サッチャー英首相が辞任。後任にメージャー氏
	一二月二五日		ゴルバチョフ・ソ連大統領が辞任
一九九二(平成四)年	七月二六日	参院岩手選挙区で、自民公認候補として初当選	
	一〇月一四日		佐川献金疑惑で、金丸信・前自民党副総裁が衆院議員を辞職
一九九三(平成五)年	一月二九日	自民党憲法調査会メンバーに	
	三月　六日		金丸信・前自民党副総裁を脱税容疑で逮捕
	六月一八日		宮沢内閣不信任案が可決し、衆院解散
	六月二一日		武村正義氏らが自民党を離党し、新党さきがけ結成

	六月二二日		羽田・小沢派が自民党を離党（二三日に新生党結成）
	六月二三日	自民党を離党し、無所属に	
	八月　九日		細川内閣発足
	一一月一一日	村上正邦らの呼びかけで、超党派の三二議員があるべき参議院を考える会を結成。座長に就任	
一九九四(平成六)年	一月二九日		小選挙区比例代表並立制導入など政治改革関連四法が成立
	四月二八日		羽田内閣発足
	六月二五日		羽田内閣が総辞職
	六月二七日		長野県・松本市でオウム真理教がサリンを散布、七人が死亡
	六月三〇日		村山内閣発足
	一二月一〇日		新進党結成
一九九五(平成七)年	一月一七日		阪神大震災
	三月二〇日		東京の地下鉄でオウム真理教が地下鉄にサリンをまき、一二人が死亡
	五月一六日		オウム真理教事件で松本智津夫代表らを逮捕

	六月一二日	週刊東洋経済で、東京の都市博開催予定跡地に関税・規制なしのドルショッピング・ゾーン創設を提言	
	七月一〇日	中央公論で参院議員の党議拘束の廃止などを盛り込んだ「いまこそ参議院有用論」を発表	
	九月　四日		沖縄県で米兵三人による少女暴行事件
	九月二七日	参議院改革を呼びかけ、田英夫氏らと参院の新会派参議院フォーラムを結成	
一九九六(平成八)年	五月二〇日	台湾の李登輝、初代民選総統に就任	
	一二月二〇日	新党自由連合を結成	
一九九七(平成九)年	一月	自由連合の党名を自由の会に変更。代表に就任	
	九月二四日	小沢一郎・新進党党首と会談し、参院選で無所属・新進党推薦で出馬することで合意	
	一一月一四日	悦三郎の生誕一〇〇年を記念し、水沢市の生家前に胸像が完成	

一九九八(平成一〇)年	四月　四日	参院岩手選挙区に政党の推薦を受けず、無所属で出馬する意向を表明	
	七月一二日	無所属で参院岩手選挙区で再選	
	七月二五日		和歌山市の夏祭りで毒入りカレー事件が発生、四人が死亡
	一一月	参院会派参議院の会を結成。代表に就任	
	一二月二八日	新党参議院クラブを結成。代表に就任	
一九九九(平成一一)年	三月二三日		日本海に不審船。初の海上警備行動発令
	九月三〇日		茨城県の「ＪＣＯ」東海事業所で国内初の臨界事故。二人が死亡
	一二月	新党無所属の会結成。代表に就任	
二〇〇一(平成一三)年	八月　八日	無所属の会代表を辞任	
	九月一一日		米国で同時多発テロ
	一〇月　七日		米英軍、アフガニスタンへの空爆を開始
	一二月二二日		東シナ海に不審船。銃撃戦の末沈没

二〇〇二(平成一四)年	九月一七日		小泉首相が北朝鮮を訪問し、金正日総書記と会談。日朝平壌宣言に署名
二〇〇三(平成一五)年	三月二〇日		米英軍がバグダッド空爆を開始、イラク戦争始まる
	六月　九日	長年の日米関係発展への尽力が評価され、日本人として初の米国務省「国務長官特別功労賞」を受賞	
	一一月二〇日	首相指名選挙で「投票すべき人がいない」として本会議を欠席	
	一一月二九日	水沢市内の記者会見で高齢を理由に政界引退表明	
	一二月	無所属の会代表に再び就任	
二〇〇四(平成一六)年	七月二八日	政界を引退	

索　引

椎名素夫回顧録：不羈不奔《ふきふほん》　＊定価はカバーに表示してあります
2006年 7月 5日　初 版 第1刷発行　〔検印省略〕

著 者©読売新聞盛岡支局／発行者下田勝司　印刷・製本 中央精版印刷
東京都文京区向丘1-20-6　郵便振替00110-6-37828　発行所
〒113-0023 TEL(03)3818-5521 FAX(03)3818-5514　株式会社 東信堂

Published by TOSHINDO PUBLISHING CO., LTD
1-20-6, Mukougaoka, Bunkyo-ku, Tokyo, 113-0023, Japan
E-mail：tk203444@fsinet.or.jp

ISBN4-88713-695-1　C0031

東信堂

東信堂

国際法新講〔上〕〔下〕	田畑茂二郎	〔上〕二九〇〇円 〔下〕二七〇〇円
ベーシック条約集〔二〇〇六年版〕	編集代表 松井芳郎	二六〇〇円
国際人権条約・宣言集〔第3版〕	編集 松井・薬師寺・坂元・小畑・徳川	三八〇〇円
国際経済条約・法令集〔第2版〕	小原喜雄・小室程夫・山手治之 編集	三九〇〇円
国際機構条約・資料集〔第2版〕	編集代表 香西茂・安藤仁介	三二〇〇円
判例国際法〔第2版〕	編集代表 松井芳郎	三八〇〇円
国際立法―国際法の法源論	村瀬信也	六八〇〇円
条約法の理論と実際	坂元茂樹	四二〇〇円
武力紛争の国際法	村瀬信也・真山全 編	一四二八六円
国際法から世界を見る―市民のための国際法入門〔第2版〕	松井芳郎	二八〇〇円
国際法／はじめて学ぶ人のための	大沼保昭	二四〇〇円
資料で読み解く国際法〔第2版〕〔上〕〔下〕	大沼保昭編著	〔上〕二八〇〇円 〔下〕二〇〇〇円
在日韓国・朝鮮人の国籍と人権	大沼保昭	三八〇〇円
共生時代の在日コリアン	金東勲	二八〇〇円
21世紀の国際機構：課題と展望	安藤仁介・中村道・位田隆一 編	七一四〇円
〔21世紀国際社会における人権と平和〕〔上・下巻〕		
国際社会の法構造―その歴史と現状	編集代表 山手治之・香西茂	五七〇〇円
現代国際法における人権と平和の保障	編集代表 山手治之・香西茂	六三〇〇円
〔現代国際法叢書〕		
領土帰属の国際法	大壽堂鼎	四五〇〇円
国際法における承認―その法的機能及び効果の再検討	王志安	五二〇〇円
国際社会と法	高野雄一	四三〇〇円
集団安保と自衛権	高野雄一	四八〇〇円
国際「合意」論序説―法的拘束力を有しない国際「合意」について	中村耕一郎	三〇〇〇円
国際人権法とマイノリティの地位	金東勲	三八〇〇円
法と力 国際平和の模索	寺沢一	五二〇〇円

〒113-0023 東京都文京区向丘1-20-6 TEL 03-3818-5521 FAX 03-3818-5514 振替 00110-6-37828
Email tk203444@fsinet.or.jp

※定価：表示価格（本体）＋税

東信堂

東信堂

（シリーズ 社会学のアクチュアリティ：批判と創造 全12巻＋2）

クリティークとしての社会学―現代を批判的に見る眼　西原和久・宇都宮京子 編　一八〇〇円
都市社会とリスク―豊かな生活をもとめて　藤田弘夫・浦野正樹 編　二〇〇〇円
言説分析の可能性―社会学的方法の迷宮から　佐藤俊樹・友枝敏雄 編　二〇〇〇円
グローバル化とアジア社会―ポストコロニアルの地平　新津晃一・吉原直樹 編　二〇〇〇円

（地域社会学講座 全3巻）

地域社会学の視座と方法　似田貝香門 監修　二五〇〇円
グローバリゼーション／ポストモダニズムと地域社会　古城利明 監修　二五〇〇円
地域社会の政策とガバナンス　岩崎信彦・矢澤澄子 監修　二七〇〇円

（シリーズ世界の社会学・日本の社会学）

タルコット・パーソンズ―最後の近代主義者　中野秀一郎　一八〇〇円
ゲオルク・ジンメル―現代分化社会における個人と社会　居安 正　一八〇〇円
ジョージ・H・ミード―社会的自我論の展開　船津 衛　一八〇〇円
アラン・トゥーレーヌ―現代社会のゆくえと新しい社会運動　杉山光信　一八〇〇円
アルフレッド・シュッツ―主観的時間と社会的空間　森 元孝　一八〇〇円
エミール・デュルケム―社会の道徳的再建と社会学　中島道男　一八〇〇円
レイモン・アロン―危機の時代の透徹した警世家　岩城完之　一八〇〇円
フェルディナンド・テンニエス―ゲマインシャフトとゲゼルシャフト　吉田 浩　一八〇〇円
カール・マンハイム―時代を診断する亡命者　澤井 敦　一八〇〇円
費孝通―民族自省の社会学　佐々木衞　一八〇〇円
奥井復太郎―都市社会学と生活論の創始者　藤田弘夫　一八〇〇円
新明正道―綜合社会学の探究　山本鎭雄　一八〇〇円
米田庄太郎―新総合社会学の先駆者　中 久郎　一八〇〇円
高田保馬―理論と政策の無媒介的統一　北島 滋　一八〇〇円
戸田貞三―家族研究・実証社会学の軌跡　川合隆男　一八〇〇円

（中野 卓著作集・生活史シリーズ 全12巻）

生活史の研究　中野 卓　二五〇〇円
先行者たちの生活史　中野 卓　三二〇〇円

〒113-0023 東京都文京区向丘1-20-6　☎TEL 03-3818-5521 FAX 03-3818-5514 振替 00110-6-37828
Email tk203444@fsinet.or.jp　URL: http://www.toshindo-pub.com/

※定価：表示価格（本体）＋税

東信堂

責任という原理—科学技術文明のための倫理学の試み	H・ヨナス 加藤尚武監訳	四八〇〇円
主観性の復権—心身問題から『責任という原理』へ	H・ヨナス 宇佐美・滝口訳	二〇〇〇円
テクノシステム時代の人間の責任と良心—現代応用倫理学入門	H・レンク 山本・盛永訳	三五〇〇円
空間と身体—新しい哲学への出発	桑子敏雄	二五〇〇円
環境と国土の価値構造	桑子敏雄編	三五〇〇円
森と建築の空間史—南方熊楠と近代日本	千田智子	四三八一円
感性哲学1〜5	日本感性工学会 感性哲学部会編	一六〇〇〜二〇〇〇円
メルロ＝ポンティとレヴィナス—他者への覚醒	屋良朝彦	三八〇〇円
思想史のなかのエルンスト・マッハ—科学と哲学のあいだ	今井道夫	三八〇〇円
堕天使の倫理—スピノザとサド	佐藤拓司	二八〇〇円
バイオエシックス入門〔第三版〕	今井道夫 香川知晶編	二三八一円
バイオエシックスの展望	坂井昭宏 松岡悦子編著	三二〇〇円
今問い直す脳死と臓器移植〔第二版〕	澤田愛子	二〇〇〇円
動物実験の生命倫理—個体倫理から分子倫理へ	大上泰弘	四〇〇〇円
ルネサンスの知の饗宴（ルネサンス叢書1）—ヒューマニズムとプラトン主義	佐藤三夫編	四四六六円
ヒューマニスト・ペトラルカ（ルネサンス叢書2）	佐藤三夫	四八〇〇円
東西ルネサンスの邂逅（ルネサンス叢書3）—南蛮と禰寝氏の歴史的世界を求めて	根占献一	三六〇〇円
カンデライオ（ジョルダーノ・ブルーノ著作集 1巻）	加藤守通訳	三二〇〇円
原因・原理・一者について（ジョルダーノ・ブルーノ著作集 3巻）	加藤守通訳	三二〇〇円
ロバのカバラ—ジョルダーノ・ブルーノにおける文学と哲学	N・オルディネ 加藤守通訳	三六〇〇円
食を料理する—哲学的考察	松永澄夫	二〇〇〇円
言葉の力（音の経験・言葉の力第I部）	松永澄夫	二五〇〇円
イタリア・ルネサンス事典	J・R・ヘイル編 中森義宗監訳	七八〇〇円

〒113-0023 東京都文京区向丘1-20-6
5TEL 03-3818-5521 FAX 03-3818-5514 振替 00110-6-37828
Email tk203444@fsinet.or.jp URL: http://www.toshindo-pub.com/

※定価：表示価格（本体）＋税